KB096917

돈의 질서

인간과 자연 세계를 둘러싼 돈의 철학적 탐구

돈의 질서

The Natural Order of Money

인간과 자연 세계를 둘러싼
돈의 철학적 탐구

"거시경제학에 관한 날카로운 고찰."
_ New Polity

로이 세벽 지음 | 윤춘승 옮김

알파미디어

여호와께서 이와 같이 말씀하시되,

"보라,

내가 그에게 평강을 강같이,

그에게 뭇 나라의 영광을 넘치는 시내같이 주리니

너희가 그 성읍의 젖을 빨 것이며

너희가 옆에 안기며 그 무릎에서 놀 것이라."

이사야 66장 12절 *

---

* 대한성서공회 번역본 인용

저자의 말

이 책은 지난 18년간 어떻게 인간이 서로 협력하며, 돈의 본질은 무엇인가에 집중해온 내 철학적 탐구의 산물이다. 그 기간 나는 기업가로서 농업, 광업, 투자 관리, 기술 그리고 제조업 등과 관련한 분야에서 성공적인 창업 경력을 쌓았다.

거의 10년 전부터 이러한 내 생각을 책으로 출판하기 위해 몇 가지 아이디어를 적어두기 시작했다. 이 책은 방대하고도 고도로 기술적인, 지금과는 사뭇 다른 책이 될 뻔했다. 2018년 완성된 첫 번째 원고의 분량은 이 책의 거의 10배에 달했다. 하지만 책을 출판하는 과정에서 어쩐지 진정성이

느껴지지 않았고, 한동안은 책을 출판하지 말자는 마음을 먹기도 했다.

그러다가 2020년 초 미국의 한 매체에 기고하게 되었고, 그 내용은 '경제 정책은 경제 활동의 자연 질서를 인정하는 명확한 통화 이론에 따라 이루어져야 한다.'라는 주장의 에세이였다. 이러한 이론은 마치 닻을 내리듯이 경제 시스템을 대자연에 연결하고, 최근 상실된 돈과 먹을거리 사이의 역사적 연관성을 재확립하는 것이었다.

당시 그 글에서 나는 내 아이디어가 어떻게 돈에 관한 일반적인 철학으로 연결되는지 깨닫기 시작했고, 이 경험을 통해 나는 다시금 영감을 얻어 출판 프로젝트로 돌아왔다. 지난 2년 동안 내

본래의 탐구를 재검토하고 통합하는 과정을 거쳤다. 지금부터 독자들이 읽을 이 책이 그 결과물이다. 철학은 가능한 한 적은 단어로 가능한 한 많은 것을 설명해야 한다.

내 생각을 쉽게 이해할 수 있는 책으로 압축하기 위해 수년간 성찰이 필요했고, 이론을 간결하게 설명한다고 해서 그 주장의 깊이나 설득력이 부족하다고 오해해서는 안 된다. 내 목표는 일반 독자에게 경제 체제를 지배하는 자연법칙에 관한 간단한 이해를 제공하는 것이다. 더불어 전문 지식을 갖춘 학자에게 오늘날 경제 이론에 먹구름을 드리운 난해하기만 한 개념들을 뛰어넘을 수 있는 새로운 틀을 제공하는 것이다. 나는 최초의 사상가들이 이 주제에 접근했던 방식으로 돌아가려고 한다. 동시에 그 이후 수천 년 동안 축적된 지식을 통합할 것이다.

이러한 노력 끝에 나를 이끈 핵심 통찰 중 하나는 '자본', '부채', '이자', '가치', '부'와 같이 일반적으로 사용되는 특정 경제 용어가 역사적인 경제 문헌과의 관계를 잃고, 결과적으로 그 의미를 상실했다는 깨달음이었다. 이러한 고상한 용어들이 적절한 맥락으로 자기 자리를 찾기 위해서는 자연 자체의 기본 문법에서 출발하는 돈에 관한 이론이 필요하다. 같은 이유로 이 책의 핵심 본문에서는 위와 같은 용어에 대한 언급을 찾을 수 없다. 대신 돈과 경제를 진실하고 총체적으로 이해하기 위해 내가 더 근본적이라고 생각하는 새로운 정의와 원칙을 찾을 수 있을 것이다.

돈에 관한 새로운 통찰을 설명한 이 책이 다른 이들, 특히 젊은 사상가나 공무원, 학자들을 자극하여 내가 해온 작업을 바탕으로 모두가 자연 질서 범위 내에서 진정한 번영을 가져오는 경제 시스템을 열망할 수 있기를 바란다.

내가 쓴 이전의 다른 글이 이 주제에 관한 공통된 생각의 실마리를 담고 있는 것처럼 보일지라도 이 책을 내 생각의 종착점으로 간주해주었으면 한다.

2022년 7월
옥스퍼드에서

차례

1장

● 인간과 자연계의 협력을 지속 가능하게 하는 것은 무엇일까? ● 우리는 자연의 이치에 주목해야 한다. ● 현대 경제 이론은 광범위한 생태 환경에서 벗어나 수학이라는 진공 속에서 경제를 분석한다. ● 이 연구는 살아 숨 쉬는 경제의 온전한 전체에 몰두하는 자연 철학의 실행이다.

두 남자가 아침 일찍 일어났다. 첫 번째 남자는 자신이 일구는 땅으로 발걸음을 내디딘다. 두 번째 남자는 회사 사무실 건물로 들어선다. 정오쯤 첫 번째 남자는 다시 곡식을 돌보고, 두 번째 남자는 회의에 참석한 후 컴퓨터에 몇 줄의 코드를 입력한다. 그렇게 몇 주가 지나가고 첫 번째 남자는 잘 익은 곡물을 수확해서 지역 시장에 가져가 판매한다. 두 번째 남자는 회의에 참석하고 컴퓨터에 타이핑하는 일을 반복한다. 두 남자는 같은 나라에서, 심지어 몇 마일 떨어지지 않은 곳에 살지만 자연 세계와의 관계는 명백히 다르다.

첫 번째 남자와 같은 유형의 사람들은 자신의 인간적 행동을 직접 자연에 투자하고, 결과적으로 생활을 영위하는 데 필요한 실질적인 무언가를 생산한다. 그에 비해 두 번째 남자와 같은 범주에 속하는 사람들은 자신의 인간적 행동을 다른 사람에게 서비스하는 형태로 제공한다. 모든 인간의 행위를 이런 식으로 다르게 표현할 수 있다는 것을 고려했을 때, 동일한 경제 시스템에서 무엇이 이들을 서로 협력하게 하는지, 더 나아가 무엇이 이 협력 관계를 자연적 그리고 사회적으로 지속 가능하게 하는지 파악하는 것은 쉽지 않다.

이 질문을 명확하게 표현하자면, 소프트웨어 엔지니어는 어째서 농부가 자연에서 생산한 음식을 자신과 나눌 것이라고 가정하는가? 현대 사회를 살아가는 우리는 농부에게서 식량을 얻을 수 있다는 것을 당연하게 기대할 수 있을까?

우리는 이 책에서 자연 질서의 실체를 차근차근 통찰한다. 인간이 서로의 행위를 통해 협력하는 이유와 이에 따른 의문점들이 가진 비밀을 파헤칠 것이다. 여기서 '자연 질서'란 인간의 개인행동과 집단적 협력을 지배하는 체계적인 자연법칙을 말한다. 우리는 인간 사회가 아무리 경제적으로나 정치적으로 복잡해 보여도 결국은 규칙적이고 변덕스러운 자연의 영향력 아래 있다는 것을 알게 될 것이다. 이 철학적 탐구를 통해 협력 사회를 살아가는 우리가 자연 질서에 경제 시스템을 확고히 연결하는 것이 돈의 본질과 역할이라는 점을 깨닫게 되리라.

마지막으로 우리는 돈의 자연스러운 이치를 배울 것이다. 자연이 가진 고유한 성질은 특정 형태의 돈을 다른 돈들보다 우월하게 만들어주는 일종의 처방이 되기도 한다. 우리가 사용하는 돈이 자연을 구체적으로 반영할 때 비로소 인간의 협력은 실질적이고 지속 가능한 번영을 누릴 수 있기 때문이다.

이 책에서 탐구하는 이론과 주류 경제학 이론의
주요 차이점은 방법론이 다르다는 데서 비롯된
다. 현재 사회를 이끌고 있는 현대 경제학 이론들
은 주로 과학이라는 이름으로 통하는데, 표면적
으로는 정량적 데이터에서 파생되어 화학자의 관
측이나 기하학자의 추론과 다르지 않은 개념으로
일반 대중에게 제시된다.

경제학은 분명 연금술과 비슷한 변신 과정을 거
쳤을 것이다. 왜냐하면 경제학 자체가 역사학자
토머스 칼라일의 '우울한 과학dismal science'으로
시작해 수학적 확실성과 계산 체계를 갖춘 '보편
적 과학universal science'이라는 확고한 지위를 얻

기까지 200년이 채 걸리지 않았으니 말이다. 이는 명백히 현대적인 관점이다. 만약 우리가 다시 이 주제에 새로운 관점으로 또는 오염되지 않은 명료한 감각으로 접근하려면 이런 관점을 제거하기 위해 이 시점에서 최선을 다해야만 한다.

경제학은 자연과 인간의 의지가 교차하는 지점을 정확히 다룬다. 그러므로 자연계에 속한 인간 사회의 근본적인 결속성에 관련한 무언가를 설명해야만 한다. 사람의 협동성은 숫자로 수치화해서 분석할 수 없고 그렇다고 추상적으로 풀어낼 수도 없다. 광범위한 생태적 환경으로부터 분리하거나 실존이라는 인간의 질적 성질을 제외하고서도 불가능하다. 순수 수학적 측면으로 본다면 나누고 분석하고 다시 종합해서 통찰할 수 있고 심지어 이런 과정이 상호보완적인 역할을 하겠지만, 만약 경제와 관련된 필수 구성 요소를 수학적 영역에서 조각조각 분해한다면 다시는 전체를 원래 상태로 되돌려놓을 수 없게 될 것이다.

다시 말해서 수학적 공리와 수치 데이터에 기반한 예상과 추측은 절대 살아 숨 쉬는 경제를 다시 재구성할 수 없다. 우리가 가장 먼저 추구해야 하는 목표인데도 말이다. 경제학이 인간이 살아가는 협력 사회와 자연의 연관성을 연구하는 학문이라면, 반드시 완성된 모습 자체에만 전적으로 몰두해야만 한다.

이러한 이유로 내가 제시하는 이론은 자연 철학의 전통적인 방법론으로 출발한다. 보다 나은 이해를 얻기 위해 직접 자연을 관찰하고 탐구한 결과에 근거를 둔다면 이 방법이 진정한 경제학을 위해서도 더 적합하다. 여느 생물학자의 연구 방식과 마찬가지로 우리는 유기체 자체에서부터 시작해야 한다. 그런 다음 전체적인 건강과 기능에 도움을 주기 위해 각 부분이 어떻게 상호작용하는지를 신체 내부를 들여다보며 식별해야 한다.

자연계에 이미 존재하는 그대로 질적 사실을 관찰하고 그 관계의 윤곽선을 스케치할 것이다. 여기에는 물리학, 지질학, 생물학, 심지어 사회학 관련 사실들이 포함될 수 있다. 그렇게 자연 세계의 특성에 따른 데이터를 살펴보고 그에 따른 우리 역할에 관해 성찰해볼 것이다. 이 방법은 무엇이 경제 시스템을 근본적으로 돌아가게 하는지,

그리고 결과적으로 지속 가능하게 하는지에 대한

필수적인 통찰을 제공할 것이다.

2장

● 시간은 자연의 근본적인 상위 법칙이다. ● 시간은 앞으로만 나아가고 되돌릴 수 없다. ● 인간의 행동은 현재의 요구 사항에 종속되어 있다. ● 현대 경제학은 시간성의 조건을 무시하는 경향이 있다. ● 자연의 본질적인 특징은 편재(遍在)하는 시간의 극장 안에서 나타난다.

자연 질서와 돈, 시간은 본질적으로 함께 묶여 있으므로 하나라도 빠트린다면 이 세 개 요소 중 어떤 것도 진정으로 이해할 수 없다. 우리는 이 삼각 역학의 세 번째 요소인 시간에 관해 숙고하면서 이번 장을 시작할 것이다.

시간은 우리가 어느 곳에 존재하는지를 발견하는 조건이다. 그러므로 시간은 우리가 세상에서 공유하고 경험하는 인간의 본질이다. 우리 삶과 행동, 죽음을 존재론적으로 연결하는 매개체가 되는 것이 시간의 특성이다. 다시 말해 시간은 자연 세계를 성장하게 하고 열매를 맺게 하고 부패하게 만든다. 시간 속에서 꽃이 피고, 어머니는 나이 들고, 해가 저물어간다. 젊은 시절을 덧없이 보내고 성숙한 성인이 되면서 우리는 쏜살같이 날아가는 시간이 매우 소중하다는 사실을 배운다. 그래서 우리는 시간을 현명하게 보내야 한다. 미국 작가 월트 휘트먼의 표현을 빌리자면 "강력한 연극은 계속되고, 당신은 한 구절을 보탤 뿐이다."[1] 셰익스피어의 '인생 7막(The Seven Ages of Man)'이라는 영원한 비유도 떠오른다. 자연 질서의 맥락에서 "강력한 연극"은 세상 어느 곳에나 존재하는 시간의 힘을 말하고 "한 구절"은 개인의 삶을 가리킨다. 우리의 내적 경험과 외적 행위가 발현된 것이다.

그렇다면 시간이란 무엇일까? 간단히 말해 시간은 모든 존재가 복종하는 주인이다. 인간 삶과 자연 세계가 함께 펼쳐지는 최상위 자연의 근본적인 법칙이다. 우리는 시간 속에 존재하기 때문에 시간의 끊임없는 진행 속도를 피할 수 없다. 우리는 시

---

1) Walt Whitman, "O Me! O Life!" in Leaves of Grass (Philadelphia: David McKay, 1892), p. 215.

간의 흐름이라는 기이하고 알 수 없는 과정을 통제하거나 예측하지 못한다. 시간의 본질은 그 보편성과 불가변성 때문에 고대부터 시적 성찰과 철학적 탐구의 매력적인 주제가 되어왔다. 구약 전도서에는 하나님께서 "그들의 마음에 과거와 미래에 대한 감각을 심어주셨다"라고 기록되어 있다.[2]

전도서를 쓴 이는 우리 모두 인간이기에 경험하는 시간의 흐름에 대한 내밀한 감각을 명시해두었다. 지나간 시간은 과거에 머물러 있고, 살아가고 행동하는 시간은 현재이며, 곧 다가올 시간은 미래 너머에 있다는 것을 우리는 알고 있다.[3]

---

2) Eccl. iii. 11 (New Revised Standard Version).
3) Cf. Saint Augustine, Confessions XI.

현재란 나의 감각 지각력을 즉시 이용할 수 있다는 것을 말한다. 무엇이든 내가 즉각적으로 관여하거나 실행한다는 말이다. 미래란 곧 다가올 현재의 관점에서 내가 예상하거나 기대하는 것이다. 마지막으로 과거란 더는 살아 움직이지 않지만, 역동적인 기억이나 회상을 통해 이용할 수 있도록 부분적으로 남아 있는 것을 말한다. 개인은 언제나 과거를 바꾸는 힘, 미래를 아는 힘 그리고 어떻게든 시간이 흘러가는 현재를 멈추거나 판단하는 힘이 부족하다.

시간의 본질에 관한 두 가지 기본 사실 또는 특성이 분명해진다. (1) 시간은 앞으로 나아간다, (2) 시간은 되돌릴 수 없다. 인간이 어떤 노력을 들여도 시간을 멈추거나 이미 벌어진 사건을 물리

적으로 되돌리지 못하듯이 시간이 움직이는 방향
성은 결코 바꿀 수 없다. 이러한 기본적인 철학적
탐구를 통해 우리는 우리에게 도움이 되는 시간
에 관한 다음과 같은 정의를 내릴 수 있다.

| 정의 1 | 시간 시간은 모든 것에 배인 자연의 궁극적인
법칙이다. 보편적이고, 개인적이며 근본 속성이다. 그리
고 미래를 향해 흐르며 되돌릴 수 없다.

시간에 관한 이러한 이해는 일상생활에 대한 상
식적인 추론을 통해 스스로 증명된다. 간단히 말
해서 개인의 행동은 현재라는 시간의 요구에 따
라 결정된다. 배가 고프면 음식을 찾아야 하고 추
우면 따뜻한 것을 찾아야 한다. 만약 번잡한 교차
로를 건너고 있다면 달려오는 차를 피해야 한다.

공상에 빠진 은둔자는 온종일 혼자 앉아 행복한 추억에 빠져들 수 있지만, 어느 순간에는 주어진 상황에 적절히 대응하기 위해 현재로 돌아와야 한다. 백일몽에 빠진 사람은 무언가를 먹어야 할 필요가 있을 때 혼자만의 꿈속에서 벗어나 지각과 행동이라는 냉혹한 현실로 끌어 당겨진다. 그리고 일어나 움직이고 음식을 찾아 몸에 연료를 공급해야 한다.

모든 협력, 삶, 활동은 시간 안에서 이루어지기 때문에 우리는 이런 존재론적 진실을 인식하는 것부터 시작한다. 현대 경제학은 경제 행위를 측정 가능한 정량적 데이터로 변환함으로써 시간성이라는 조건을 무시하는 경향이 있다. 정량적 데이터로 변환하면 동시성을 띠므로 기본적으로 예

측 가능해 보이기 때문이다. 반면에 우리는 시간
적 방법을 사용한다. 시간이라는 피할 수 없는 맥
락으로 경제 시스템을 생각할 때 우리는 추상적
인 동시성보다는 시간적 의존성, 선행과 결과에
더 주목할 수 있다.

협력 시스템 내에서 동기를 부여하는 행동이 무
엇인지 살펴보기 전에, 애초에 그 행동이 일어나
도록 하는 것이 무엇인지부터 먼저 살펴봐야 한
다. 다른 말로 표현하자면 자연계와 인간의 행동
은 모두 이 시간이라는 현실에 종속되어 있다. 시
간적 조건에 관한 이런 이해는 자연적으로 요구
되는 사항과 인간 협력의 생성물 모두를 더 잘 이
해하도록 우리를 이끌어준다.

이제 세상 모든 곳에 존재하는 시간이라는 무대에 출연하는 자연 질서의 또 다른 본질적인 특성을 조사할 차례가 왔다.

3장

● 자연은 엔트로피entropy와 에너지의 힘으로 지배되는 열역학적 시스템이다. ● 자연 대사metabolization는 에너지를 보존하고 소비하는 과정이다. ● 이 열역학 시스템을 추진하는 에너지원은 음식, 연료, 원소 물질이다.

자연 전체는 근본적으로 열역학 시스템이다. 현재 일어나는 물질들의 효과를 관찰하면 우리는 세상의 변화를 조절하는 두 가지 뚜렷한 자연의 힘이 존재한다는 것을 알 수 있다. 첫 번째 힘은 자연에 존재하는 생성력 에너지다. 에너지는 물질의 형성과 질서, 유기체의 생명과 성장, 인간 시스템의 구축과 회복력을 촉진한다. 에너지를 봄날에 장미꽃이 만개하는 것으로 쉽게 생각하면 된다. 에너지의 반대 개념은 엔트로피로, 자연에 존재하는 퇴행적인 힘이다. 엔트로피는 물질, 생명, 사회제도를 무질서, 죽음, 부패로 몰아넣는다. 복잡한 물질을 개별 원소 단위의 물질로 되돌려 버리는 원인이다. 엔트로피 역시 위에서 간단히 예를 든 활짝 핀 장미가 시들어가는 것으로 생각하면 된다. 세상의 다른 모든 것과 마찬가지로 에너지와 엔트로피의 힘에는 돌이킬 수 없는 시간의 흐름에 영향받는다.

자연 세계를 관찰한 결과 에너지와 엔트로피는

상호의존적이며 시간이 흐름에 따라 끊임없이 순환하는 관계라는 것을 보여준다. 에너지는 물리적 세계에서는 새롭게 생성되거나 파괴될 수 없기 때문에 에너지를 "창조적"이라고 표현하거나, 엔트로피를 "파괴적"이라고 표현하는 것을 의도적으로 피한다. 물리적 세계에서 에너지는 오직 보존되기 때문이다. 물질 자체는 생성되거나 파괴될 수 없으며, 단지 에너지와 엔트로피가 작용함에 따라 변화할 뿐이다. 즉 생성과 퇴화의 순환은 완전한 생성이나 완전한 소멸을 수반하지 않는다.

시간이 지나면서 엔트로피에 직면하여 에너지가 보존되는 과정을 특징으로 하는 한 모든 시스템은 열역학적이다. 이제 에너지와 엔트로피의 열역학 법칙을 다음과 같이 공식화할 수 있다.

| 정의 2 | **에너지와 엔트로피의 열역학 법칙** 에너지와 엔트로피는 시간에 따라 모든 물질에 보편적으로 작용하는 상쇄적이고 상호 의존적인 힘이다. 따라서, 자연계의 모든 변화는 열역학적이며, 엔트로피에 직면하여 에너지가 보존되는 것이 특징이고 생성과 퇴화의 자연스러운 주기로 표현된다.

더 깊이 들어가기 전에 이 같은 에너지와 엔트로피에 대한 정의와 표현 방식은 물리학자, 화학자, 심지어 현대 경제학자의 방식과 다르다는 점을 알아두는 것이 중요하다. 이는 우리가 이 두 강력한 힘의 본질적인 구성이나 내부 구조를 파악하려는 시도 없이 단순히 이들의 역학 관계를 관찰하고 탐구하려 하기 때문이다. 이러한 맥락에서 우리는 에너지가 생명, 움직임, 행위 그리고 열기 熱氣의 원천이라고 추론할 수 있다.

직관적으로 파악할 수는 있지만 물리적 도구로 측정할 수 없는 시간과는 달리, 에너지 보존은 움직임과 열기와 같은 형태로 측정이 가능한 활동이다.[4] 우리는 이 활동을 자연 대사metabolization 라고 부른다. 이런 활동은 모닥불에서 나무가 타는 불꽃 속에도 존재하고 풍차를 돌리는 데 활용하는 바람이라는 현상으로 공기 중에도 존재한다. 햇빛과 물을 흡수하여 성장하는 식물에도 존

---

4) 예를 들어, 칼로리는 해수면에서 물 1리터의 온도를 섭씨 1도 올리는 데 필요한 에너지의 양을 측정한다. BTU(British .Thermal Unit)는 1파운드의 물을 화씨 1도 올리는 데 필요한 열의 강도를 측정한다.

재하며 세포 운동성을 촉진하기 위해 칼로리 에너지를 대사代謝하는 미세한 박테리아에도 존재한다.

자연 대사는 동물과 사람 몸에서 가장 눈에 띄게 관찰된다. 아침에 눈을 뜨는 순간부터 먹고 자면서 아껴두었던 에너지를 소비하기 시작한다. 그런 다음 온종일 소비할 에너지를 더 많이 보전補填하기 위해 식사 등의 과정을 거친다. 우리가 활력을 유지하기 위해 섭취하고 수면해야 한다는 단순한 사실은 신체가 생성과 퇴화 사이의 역동적인 상호 작용에 끊임없이 영향받는 열역학적 시스템이라는 사실을 드러낸다. 생물학적 대사는 유기체의 생명을 유지하고 신체가 움직일 수 있게 일련의 물리−화학 반응을 통해 에너지를 변환하는 모든 과정의 집합이다. 이 에너지는 음식과 물의 형태로 제공된다.

하지만 우리는 자연 대사 과정을 엄밀히 생물학적 의미로만 말하는 것을 거부한다. 우리는 에너지를 보존하고 소비하는 모든 열역학적 과정에 자연 대사라는 용어를 적용하기를 원한다. 모든 열역학 시스템은 활동하기 위한 에너지원이 필요하기 때문이다. 유기체와 불 모두 활동 과정을 지속하기 위해서는 에너지원이 필요하다. 예를 들어 석탄에 보존된 에너지는 석탄을 연소하는 과정에서 증기 기관처럼 움직임을 만드는 열로 소비된다. 마찬가지로 태양광 패널은 전류를 생성하는 광전지를 통해 태양에너지를 보전한다.

생물학적이든 기계적이든 이런 모든 사례에서 우리는 거의 형이상학적이고 마법 같은 특징이 자연 세계에 존재한다는 것을 관찰할 수 있으며, 이는 우리가 암묵적으로 당연하게 여기는 것이다. 즉 에너지는 외부로부터 항상 지속적으로 보전되고, 소비되고, 다시 보존된다는 것이다.

비생물학적 에너지원을 연료라고 부른다. 생물학적 에너지원은 음식이다.[5] 열역학 시스템이 인체를 감당하고 운영하려면 이런 에너지원으로 지속적인 대사 작용을 해야만 한다. 음식이 없다면 인

---

5) 물은 이러한 반응이 일어나는 매체 또는 용매로서 산소, 영양소, 호르몬 및 항체를 몸 전체로 이동시키는 데 필수적이다. 물을 식품의 범주에 포함시키는 이유는 생체 내 에너지 대사에 없어서는 안 될 기능을 하기 때문이다.

체는 생명 유지에 필요한 영양분이 부족해진다. 연료가 없으면 기계는 작동을 멈춘다.

이에 더해 자연계에 스며들어 음식과 연료를 공급하는 더 중요한 역할을 담당하는 제3의 에너지원이 있다. 우리는 이 에너지원을 1차 물질 또는 원소 물질이라 부른다. 열역학 시스템을 추상적으로 개념화해보면 유일하게 음식과 연료를 실제적인 에너지원으로 생각할 수 있다. 그렇지만 사실 식량과 연료는 원소 물질의 도움을 받아 에너지원으로 얻어진다. 기본적인 예로 동물 분뇨나 작물 찌꺼기 형태의 인燐을 첨가하여 작물 성장에 영향을 주는 방법이 있다. 농부는 또한 땅을 일구기 위해 철로 만든 괭이나 낫을 사용한다. 증기 엔진이나 태양 전지판은 필수 구성요소인 원소 없이는 존재할 수 없기 때문에 기계의 경우 에너지원으로서 원소 물질의 필요성은 더욱 분명해진다. 이처럼 일반적으로 물질은 기본 원소로 구체화하여 그 형태나 물성을 통해 에너지의 열역학적 흐름을 가능하게 만든다.

에너지와 엔트로피의 열역학 법칙에 관한 이런 탐구의 핵심 결과는 음식, 연료 및 기본 물질이 자연 질서 내에서 생명과 운동의 원천으로서 에너지를 구체적으로 구현하는 역할을 한다는 것이다. 돌이킬 수 없는 시간성이라는 큰 맥락에 놓인 이런 이해는 굶주린 사람이 왜 죽는지, 연료가 떨어진 자동차가 왜 주행하지 못하는지, 실리콘이 없는 컴퓨터가 왜 계산할 수 없는지 등을 설명한다. 이는 진부한 통찰처럼 보일 수 있지만, 자연

질서를 지배하는 이런 중요한 역학 관계에 따라
인간 협력과 경제 문제에 접근하는 것은 필수적
이다.

이제 우리는 인간의 협력 관계 자체를 식량, 연
료, 기본 원소에 시간적, 에너지적으로 의존하는
열역학 시스템으로 이해해야 한다.

4장

● 인간의 협력 시스템도 열역학적으로 작동한다. ● 경제가 이뤄지는 첫 번째 원인은 자연과 협력하여 식량, 연료, 원소 물질을 조달하는 사람들이라는 현실적 에너지 의존의 사슬이다. ● 실물 경제는 에너지 구현체具顯体를 생성하고, 서비스 경제는 이를 소비할 뿐이다. ● 농부의 활동은 완벽하게 순환한다. ● 실물 경제는 자연의 측정과 보상 기준에 따라 움직인다.

에너지원의 끊임없는 보전과 소비 활동은 인간의 삶과 인류의 협력을 지속시키는 근본적인 동력이다. 이처럼 인간의 모든 행동과 협동은 식품, 연료, 기본 원소의 반복적인 생산과 소비를 통해 이루어진다. 지금은 모든 사람이 이런 형태로 에너지를 소비하고 그 에너지로 무언가를 한다는 사실에 의문을 제기하지 말자. 음식을 먹은 다음 우리는 어떤 형태로든 활동하며 에너지를 소비한다. 어머니는 아기에게 젖을 먹이고 농부는 농작물을 돌보고 철학자는 책을 쓴다. 자연으로부터 보전한 에너지를 외부에서 어떤 결과물로 소비하는 이 현상을 우리는 인간 행동의 산물이라고 부른다.

우리가 섭취한 에너지를 방출한 후 다시 세상으로 내보내 보존해야 한다면, 그 에너지는 반드시 우리 활동의 산물로 보존되어야 한다. 이는 더 넓은 환경에 대한 우리의 개인적 기여로서, 개별 단위의 경제 활동을 통해 에너지와 엔트로피의 법칙을 물리적으로 나타낸 것이다.

그런데 우리가 에너지원을 확보하고 유지하는 방법을 이해하려면 우리의 관점을 개별 수준에서 협력 시스템 수준까지 확대해야 한다. 인간이 미래를 대비하기 위한 식량을 얻으려면 현재의 환경과 협력하는 것부터 시작해야 한다. 일단 소비된 음식은 이미 과거로 넘어갔으며, 이는 소화와 칼로리 소모를 통해 (또는 소모되지 않을 경우, 산화나 부패를 통해) 엔트로피 경로가 시작되었음을 의미한다.

삶은 지속되기 위해 더 많은 에너지를 소모하며 인간은 현재와 미래에도 식량 공급을 유지하고 재생하기 위해 끊임없이 노력해야 한다. 따라서 끊임없는 시간의 흐름 그리고 에너지와 엔트로피의 상쇄되는 힘은 인류가 생존하기 위해 자연과 지속적으로 상호작용할 것을 요구한다. 잉여 식량의 생산이 이루어지고 계속해서 유지될 때만 경제 시스템은 시간이 지나도 지속될 수 있을 뿐만 아니라 복잡성도 증가할 수 있다.

우리는 이제 막 경제를 지배하는 더 복잡한 시간적 에너지 의존성 사슬에 대한 밑그림을 그리기 시작했다. 자세히 살펴보면 이 방대한 인과 관계에서 가장 중요한 주체는 우리 생명줄인 식량을 생산하기 위해 자연과 직접 대면하는 한 개인이다. 예를 들어 농부, 어부, 사냥꾼 등을 생각해보라. 예컨대 이런 삶의 근원적 활동에 몸담은 사람들은 자연의 질서와 협상해야 한다. 자연의 생성과 퇴화 주기에 따라 변화하는 환경에 대응하고 행동 방침을 수정해야 한다. 이런 협상이 성공하면 그 활동의 산물은 더 큰 사회에 자연 대사 에너지를 공급한다. 시간적 법칙과 열역학적 법칙 모두 모든 경제 시스템 내에서 이런 개인이 우위를 차지하도록 강제한다. 식량을 생산하려는 노력(그리고 자급자족 이후의 사회에서는 다른 사람들과 공유하려는 결정)을 통해서만 경제적인 또 다른 활동이 시작되고 지속되기 때문이다. 모든 생명과 활동에 필요한 식량은 농부가 현재와 미래에 걸쳐 자연과 반복적으로 힘들고 끈질기게 협상한 직접적인 결과물이다.

농부, 사냥꾼 그리고 그들의 관계자는 에너지원을 음식의 형태로 자연계에서 더 큰 경제계로 전달하는 매개체다. 두 가지 추가 범주의 에너지원에 대응하여 자연 질서의 대리인 역할을 하는 두 종류의 근원적 협력자가 더 있다. 바로 연료와 기본 물질이다. 방금 언급했듯이 모든 경제에서 시간적, 에너지적 연결 사슬은 생존과 잉여의 첫 번째 원인인 농부와 사냥꾼과 같은 식량 생산자로부터 시작된다. 이 사슬의 다음 단계는 농부들을 뒤따르는 벌목꾼이나 탄광 노동자와 같은 경제 시스템의 연료 생산자다. 이들은 자연에서 비영양 에너지원을 수확하여 열과 움직임을 제공한다.

다음 주인공은 이 1차적 네트워크 범주의 3차 구성원인 금속 광부와 같은 원소 생산자들이다. 이들 활동이 생산하는 물질은 유형 재화로, 앞선 1

차 활동에서 필요로 하는 투입물로 사용된다. 단순 경제 또는 생계형 경제에서는 이 세 가지 역할을 한 사람이 수행할 정도로 서로 얽혀 있을 수 있다. 그러나 경제 규모와 복잡성이 커짐에 따라 우리는 세 가지 역할을 암묵적으로 구분하기 시작했다. 어느 경우든 1차 경제가 보여주는 삼각 구조 형태의 활동은 서로 영향을 주고받으며 사회에 잉여 에너지를 제공하기 위해 동시에 작동한다.

세 가지 종류의 1차 협력자를 하나로 묶는 공통점은 자연 세계와 직접 연결되어 있다는 것이다. 모두 인간의 손으로 지구의 열매를 생산하는 일이기 때문이다. 다시 말해서 이들의 활동은 자연 질서의 생성 및 퇴화 주기에 의도적으로 반응하고 이에 관여하는 것이다. 이런 활동의 산물은 우리가 에너지원으로 필요한 식품, 연료 및 1차 물질이다. 이런 생산물은 자연에서 발생하며 무게를 측정해서 나누고 다른 사람들과 공유할 수 있다.

---

6) 협력 시스템 내에서 에너지 구현체의 중요성을 유사하게 파악하고 그에 따라 경제 내에서 에너지 구현체를 생산하는 노동자와 그렇지 않은 노동자의 차이를 인식한 역사적 사상가들의 전통이 있다. 프랑수아 퀘네, 앤 로버트 자크 투르고, 토마스 맬서스, 칼 마르크스, 세르게이 포돌린스키 등이 이러한 유형의 경제 이론을 제안했다. 이들의 이론은 표면적으로 모든 종류의 경제 활동을 예측하는, 수학적으로 계산 가능한 이론적 체계를 발전시킴으로써 자연의 근본적 속성을 지나치게 추상화하는 경향이 있다(예: 경제 도표 프로젝트, 전체 경제의 에너지 투입량과 에너지 산출량의 수치를 계산하려는 시도, 노동 가치 이론, 맬서스의 식량 및 인구 모델). 이러한 이론들은 사회, 정치, 경제 개혁을 지휘할 강력한 중앙 정부의 설립을 정당화하는 역할을 하면서 과격한 견해로 받아들여 지기도 한다. 우리는 에너지 구현체를 정의하고 인간 협력에서 에너지의 역할을 철학적으로 이해하며, 결과적으로 모든 인간 협력은 에너지 구현체의 보전과 소비에 의해 구동된다는 사실을 인정한다. 이러한 관찰은 인간 협력을 위한 기본 통화인 에너지 구현체의 생산, 소비 및 교환과 관련된 모든 경제 참여자의 시간적 에너지 의존성을 설명한다. 하지만 지금 단계에서 이 관찰을 통해 이러한 의존성을 단순히 인식하는 것 이상의 것을 추정하는 것은 오류이다. 현재의 인식은 궁극적으로 다섯 번째 장에서 생태적 책임에 대한 통찰로 우리를 이끌 것이다.

우리는 이런 제품을 에너지 구현체라고 부른다.[6]

| 정의 3 | **에너지 구현체** 자연 세계와의 직접적인 협상을 통해 생산된 인간 활동의 산물로, 음식, 연료 및 기본 원소로 구체화된다. 이런 제품은 무게를 측정해서 나누고, 다른 사람들과 공유할 수 있다. 에너지 구현체는 인간 협력의 기본 통화다.

음식, 연료, 기본 원소라는 물질이 없다면 경제의 다른 구성원을 감당할 수 있는 생명과 운동의 원천이 존재할 수 없을 것이다. 앞서 열역학 시스템에서 자연 대사에 없어서는 안 될 에너지원으로 이 세 가지 구성요소를 설명했다. 그러나 에너지 구체화에 대한 우리 정의는 이런 에너지원을 수확하거나 생산하는 데 필요한 인간 활동과 직접적으로 연관시킬 수 있다. 모든 경제 시스템의 핵심은 자연적으로 (자연에서 인간으로) 그리고 사회적으로 (사회의 다양한 구성원 간에) 협력의 기본 통화로서 에너지 구체화의 역동적 생산과 교환으로 구성된다.

모든 협력 시스템의 다른 활동은 에너지 구체화를 생성하는 접속점 뒤에 따라붙는다. 우리는 이 2차 경제 주체 분야를 서비스 경제라고 부른다.

서비스 경제는 1차 경제 또는 실물 경제에서 생산된 잉여 에너지 구체화에 의존하지만 이런 에너지 구체화 자체의 생산에는 기여하지 않는 개인들로 구성된다. 실물 경제 구성원으로 자격을 갖춘 사람들은 농업이나 광업과 같은 앞서 언급한 활동을 통해 자신의 자급자족을 위해 소비하는 것보다 더 많은 에너지 구체화를 생산하는 사람들이다. 서비스 경제의 구성원은 실물 경제에서 생산된 유형 재화를 소비, 재가공 또는 재분배하며, 결과적으로 이들 활동의 산물은 다른 사람에게 제공되는 서비스이다. 실물 경제와 서비스 경제를 종합하면 모든 인간 협력 시스템의 총체를 형성한다.

|정의 4 | 인간 협력 시스템의 두 가지 단계 실물 경제는 생산자의 개인적 필요를 넘어서는 에너지 구현체 생산에 관여하는 협력 체계의 한 부분이다. 서비스 경제는 실물 경제에서 에너지 구현체를 생산하지 않고 소비만 하는 직업과 산업에 종사하는 협력 시스템의 한 부분이다.

실물 경제와 서비스 경제는 모두 에너지 구현체를 소비하지만, 후자는 이런 에너지원을 소비만

하고 생산하지는 않는다는 점에서 중요한 차이가 있다. 이런 이유로 서비스 경제는 언제 어디서나 실물 경제의 활동과 산물에 의존한다.

협력 시스템의 모든 구성원을 위한 에너지 구체화를 실현하는 것과 관련하여, 실물 경제의 필요성과 우선순위를 부여해보자. 사람이 음식을 섭취하면 자연에서 에너지를 보전하고 이후 신진대사 과정과 외부 활동을 통해 이 에너지를 소비한다. 개인은 자신의 시간과 노동력을 자연에 다시 투자하여 더 많은 에너지를 생산하기 위해 행동하거나 에너지가 아닌 다른 것을 생산하기 위해 행동하는 두 가지 옵션이 있다. 전자의 경우 농부는 절약한 에너지로 하루 종일 농작물을 돌보는 데 사용한다. 여기서 농부가 소비한 에너지는 그

수고의 산물, 즉 이전의 에너지 구현체를 새로운 에너지 형태로 전환하여 보전된다.[7]

농부의 에너지는 자연에서 농부 자신이 미래의 에너지원으로 소비할 새로운 작물의 형태로 보존되고, 나중에 미래의 작물을 재배하는 데 소비되는 등 보존과 소비의 완벽한 순환이 이어진다. 후자의 경우 개인은 다른 사람에게 서비스를 제공하기 위해 실물 경제에서 생성된 에너지 구현체를 활용하기로 선택한다. 예를 들어 반도체 칩, 자동차 또는 컴퓨터와 같은 상품을 제조하기 위해 구현된 에너지를 사용하는 산업가, 웹사이트

---

7) 우리는 앞으로 '농부'를 우리가 언급하는 모든 실물 경제 행위자를 대표하는 상징으로 간주할 것이다.

를 구축하기 위해 구현된 에너지를 사용하는 소프트웨어 엔지니어 또는 학생들에게 아이디어를 표현하기 위해 구현된 에너지를 사용하는 교수 등이 있다. 이런 종류의 활동을 선택하는 사람들은 자신이 생산하지 않은 기존의 잉여 에너지를 소비하기 때문에 서비스 경제의 구성원이다.

이 주장의 진실을 증명하는 간단한 테스트를 생각해보자. 다음 질문을 자신에게 해보자. 협력 사회의 활력을 크게 해치지 않으면서 조직적인 파업을 벌일 수 있는 산업은 무엇일까? 때때로 연방정부 셧다운 동안 일어나는 것처럼 정치인은 몇 주 또는 몇 달 동안 파업할 수 있다. 하지만 농부, 연료 에너지 생산자, 광부가 며칠 이상 파업하면 사회 전체의 회복력과 번영이 위협받게 된다.

자연에서 더 넓은 경제로 에너지가 지속적으로 흐르지 않으면 서비스 경제의 구성원들은 더욱 원초적 형태의 협력으로 돌아갈 수밖에 없다. 예를 들어 회계사는 흙을 일구는 경작자가 돼야 할 것이다. 에너지 구현의 흐름이 얼마나 심각하게 감소하는지에 따라 잉여가 회복될 때까지 인류 전체가 최저 생존 사회로 돌아갈 수도 있다. 이런 방식으로 실물 경제와 서비스 경제 사이의 간격은 최저 생존과 이를 넘어선 생존 사이의 잠재적 진동을 반영한다.

우리는 방금 실물 경제와 서비스 경제의 세 가지 중요한 차이점을 설명했다. 첫째, 실물 경제는 에

너지를 구현하고 소비하는 반면 서비스 경제는
소비만 하므로 서비스 경제는 실물 경제에 시간
적, 에너지적으로 의존한다. 둘째, 실물 경제 활
동은 구현된 에너지의 소비와 주기적 보전으로
나타난다. 반면에 서비스 경제 활동은 재보전이
나 재생 가능성이 없는 단방향의 소비가 특징이
다. 셋째, 실물 경제의 지속적 활동은 다양한 서
비스 경제 활성화를 위한 필수 전제 조건이다. 또
사회적 회복력과 자급자족 상태로 진입할 가능성
을 위한 필수 조건이기도 하다.

그러나 이 모든 차이의 근원이 되는 더 깊고 본질
적인 차이가 있다. 서비스 경제와 달리 실물 경제
는 오직 자연에 대해서만 응답한다. 실물 경제에
서 인간은 자연을 탐구하고 그 한계를 배우며 자

신과 타인의 이익을 위해 그 경계 내에서 존중감으로 일한다. 모든 평화롭고 번영하는 사회의 토대가 되는 이 실물 경제는 생성과 퇴화라는 자연의 신비에 따라 작동한다. 자연은 주기적으로 소멸과 재생을 반복하며 계절에 따라 번영하는 특권을 우리에게 제공한다. 즉 실물 경제 참여자는 자연 질서 자체에서 흘러나오는 측정과 보상의 기준에 따라 자연과 협력해야 한다.

| 정의 5 | 측정과 보상의 자연 기준 실물 경제 구성원은 자연에 의해 부과된 표준의 적용을 받으며, 이는 자연의 생성과 퇴화 주기 내에서 반복적으로 협상하고 노력해야 함을 의미한다. 그런 다음 자연은 에너지 구현체의 가중치라는 형태로 실물 경제 활동에 객관적인 측정과 보상을 제공한다.

우리는 잘못된 시기에 농작물을 수확할 수 없다. 양 떼를 게으르게 방치하거나 잘못된 장소에서 희귀 물질을 채굴하면 일정 수준의 손실을 보기 마련이다. 반면에 성실한 목동이나 열심히 일하는 농부는 자연의 잉여로부터 보상을 거둘 것이다. 게다가 자연의 보상과 벌은 언제나 객관적인 무게 단위로 주어진다. 풍작의 무게는 흉작의 무게보다 더 묵직한 것이다. 수확의 질과 양은 자연의 예측 가능한 주기와 예측할 수 없는 변덕에 협조하려는 농부의 의지가 반영된다. 자연의 질서는 이 기준을 제시하고 농부에게 이를 강요한다. 농부가 생존하고 번영하기 위해서는 이 기준을 받아들이고 그 틀 내에서 일해야 한다.

간단히 말해서 자연의 기준은 실물 경제의 행동

에 대한 자연의 일차적이고 객관적인 판단이 존재한다는 것을 의미한다. 좋은 일과 나쁜 일, 성공과 실패에 대한 개념은 이 자연의 기준에 대한 농부의 피할 수 없는 책임감에서 파생한다. 자연의 방식에 대한 적응은 어떤 행동이 실용적이거나 비실용적인지에 대한 암묵적인 이해로 이어지며, 자연 세계에서 가장 잘 번영하는 방법에 대한 집단적 및 세대 간 지식을 강화하는 일련의 이상적 목표와 관행을 구축한다. 이런 이상적 목표에는 저축, 소비하는 것보다 더 많이 생산하기, 필요한 만큼만 소비하는 검소함, 자녀를 위해 땅과 자원을 보호하는 일 등이 포함된다.[8]

---

8) 이는 윤리적 판단이 아니라 실물 경제가 씨름하는 자연 질서에 의해 주어진 실천적 행동의 원칙이다. 그렇기 때문에 다른 사상가들이 이러한 원칙에 대해 사회학적 또는 윤리적 탐구를 수행하는 것이 유익할 수 있다.

이런 자연과의 관계가 바로 지속가능성의 진정한 의미다. 모든 사회 구성원이 우리 땅과 그 생산물을 신성한 것으로, 즉 인간의 변덕스러운 생각과 사고의 이전에도 그리고 이후에도 존재한다는 관점을 가져야 한다. 또한 서비스 경제에 따른 거래는 언제 어디서나 실물 경제에 대해 책임을 져야 한다는 관점을 가지는 것도 중요하다.

이번 장은 인간의 협력 시스템 자체가 열역학적이라는 사실에서 출발했다. 모든 경제는 규모와 관계없이 에너지 구현체의 생동력으로 작동된다. 에너지 잉여는 구현된 에너지의 역동적인 생산과 교환을 통해 달성되고 유지되며 실물 경제가 근원적이고 주된 역할을 하는 시간적 에너지 의존성의 연쇄작용을 유인한다.

우리는 이제 자연의 질서와 그로부터 주어지는 측정과 보상의 기준에 대한 책임이 모든 인간 협력 시스템의 설계 원칙이라는 사실을 탐구해나갈 것이다.

5장

● 생태적 책임은 자연과 모든 인간 협력 시스템의 진실이다. ● 서비스 경제만이 생태적 책임을 인위적으로 그리고 일시적으로 무시할 수 있다. ● 생태적 책임이 조작되거나 잊힐 때, 실물 경제와 서비스 경제의 관계는 기생적으로 변한다. ● 생태적 책임이 협력의 핵심으로 유지되도록 자연 기준을 재확인하고 모든 구성원에게 확대 적용해야 한다.

실물 경제는 인간과 자연의 생성력을 연결하는 매개체다. 또 전체 경제를 위한 에너지를 생산하기 위해 노력하면서 자연의 질서, 자연의 선물과 벌, 축복과 재앙에 직접적으로 그리고 궁극적으로 의존한다. 따라서 실물 경제의 구성원은 자연과 함께 일하는 법을 배워야 하며, 그 성공과 실패는 자연의 물리적 보상에 의해 측정된다. 서비스 경제는 에너지를 생산하지 않기 때문에 이 활동에 시간적, 에너지적으로 의존한다.[9] 따라서 서비스 경제의 구성원은 자연 기준 자체에 의해 직접 측정되고 보상받지는 않지만, 그럼에도 불구하고 이에 대한 책임이 있다. 우리는 이러한 인간과 자연 세계의 근본적인 연결을 생태적 책임 ecological accountability이라고 부른다.

---

9) 실물 경제와 서비스 경제의 범주는 구분되지만, 서비스 경제의 일부 구성원은 농부나 광부가 아니더라도 실물 경제의 효율성에 크게 기여한다는 점을 충분히 인정한다(예: 볼바구미를 박멸하거나 꿀벌 개체 수를 늘리는 방법을 연구하는 과학자, 쟁기나 콤바인 또는 관개 시스템을 만드는 사람 등). 실제로 실물 경제와 더 가까운 직업과 더 먼 직업이 있다. 그러나 이러한 회색 영역이 존재한다고 해서 그 자체로 범주적 구분의 명료성을 방해하거나 약화시키는 것은 아니다.

| 정의 6 | **생태적 책임** 협력 시스템의 모든 구성원은 자연의 측정 및 보상 기준에 따라 책임을 진다. 실물 경제는 이 표준의 직접적인 적용을 받는다. 서비스 경제는 그 구성원들이 실물 경제의 활동에 시간적, 에너지적으로 의존하기 때문에 간접적으로 이 표준의 적용을 받는다.

생태적 책임성은 인간의 협력 시스템이 언제 어디서나 자연 질서와 연결되어 있으며, 우리가 필요한 에너지를 생산하기 위해 자연 질서와 협상해야 할 필요성을 표현한다. 우리가 아침을 먹을 때, 출근을 위해 자동차의 시동을 걸 때, 노트북을 열고 타이핑을 시작할 때, 우리는 자연 질서와 그 측정 및 보상 기준에 암묵적으로 관여하고 있다. 우리는 땅을 가꾸고, 흙을 경작하고, 씨앗을 뿌리고, 비와 햇볕이 내리쬐는 날을 보내고, 긴 수확의 시간을 보낸다. 농부가 농작물을 언제 어떻게 재배할 수 있는지 자연이 알려준다. 우리는 각자의 활동 목적을 위해 매번 이 수확에 참여할 때마다 자연의 포고령에 참여한다. 사람이 섬이 아닌 것처럼 서비스 경제도 자급자족할 수 없다. 우리 몸이 산소를 들이마시지 않으면 생존할 수 없듯이, 자연의 보상이 없다면 우리는 생존할 수 없다.

인간 사회가 아무리 복잡해 보이더라도, 자연이 실물 경제에서 매개자에게 부과하는 기준에 따라 생태학적으로 항상 책임을 져야 한다. 서비스 경제의 누군가가 창작, 엔지니어링, 제조 등 특정 활동을 위해 에너지를 소비하는 순간, 그 사람의 활동은 실물 경제가 자연으로부터 에너지를 구현하고, 1차 협력자가 구현한 에너지를 더 큰 경제로 기꺼이 교환하는 행위에 즉각적으로 의존하게 된다. 따라서 생태적 책임성은 모든 개인 및 집단 행동을 지배하는 자연의 진실이다. 이는 모든 협력과 지속 가능한 번영의 기본이자 지도 원칙이다.

생태적 책임의 전체 체계는 둥근 원을 그려 설명할 수 있다. 원의 중심에는 실물 경제와 자연 질서 사이의 접점이 있다. 원의 주변에는 서비스 경제를 나타내는 점들이 점점이 찍혀 있다. 반지름이 이런 주변 지점을 원의 중심과 연결하듯이 서비스 경제도 실물 경제 및 자연 질서와 불가분의 관계에 있다. 이렇게 이해되는 실물 경제와 서비스 경제의 관계는 둘 사이를 연결하는 바큇살 형태의 결합으로 인해 본질에서 공생관계를 이룬다. 따라서 암묵적인 적대감이 존재하거나 상호 경쟁하는 관계가 아니다. 사회의 두 부문은 집단적 잉여를 활용하여 인간 의지의 외적 실현에 힘을 실어줌으로써 함께 일할 수 있으며, 경제의 모든 구성원이 실물 경제에만 참여한다면 사실상 불가능할 산업, 직업, 여가 형태를 가능하게 만들 수 있다. 마치 중심점만 있는 원은 원이 아니듯이 말이다.

에너지 구현의 생성 주기가 더 큰 경제의 중심에서 주변부로 퍼져나가면서 경제 시스템이 복잡해지고 규모가 커짐에 따라, 주변부가 중심에서 멀어지고 핵심과 연결되는 반지름을 무시할 가능성이 생긴다. 이 경우 생태적 책임이 간과되거나 무시되는 동안에도 사실상 협력의 기본 원칙으로 남아 있다. 이런 책임의 망각은 서비스 경제가 생성 및 퇴화 주기의 주변부에 위치한다는 바로 그 이유로 자연 질서로부터 일시적으로 분리될 수 있는 능력을 갖추고 있으므로 가능하다. 반면에 실물 경제는 자연의 율법에 의존하기 때문에 그러한 사치를 누릴 수 없다. 이런 현실을 무시하면 전체 경제의 번영을 서비스 경제 구성원의 개인적 욕망과 주관적 이상에 따라 지배하고, 결정하고, 분배할 수 있는 것으로 보는 부자연스러운 시각이 생겨난다. 그러면 실물 경제와 서비스 경제의 관계는 기생적으로 변질한다.

기생적 시스템에서 서비스 경제는 자연의 한계와 주기에 관계없이 실물 경제에 에너지 구현체를 요구함으로써 실물 경제의 성공과 실패를 좌

우하는 자연 기준을 우회하거나 초월하려고 시도한다. 이렇게 생태적 책임에서 벗어나려는 시도의 결과는 인류와 자연의 지속 가능한 관계, 실물 경제와 서비스 경제의 공생관계를 위협한다. 그런 과정에서도 실물 경제 활동은 여전히 자연의 요구 사항에 묶여 있다. 흉작으로 인해 농부가 농작물을 생산하지 못하거나 광석의 지질학적 희소성으로 인해 광부가 더는 작업을 수행하지 못할 수 있다. 반면에 서비스 경제 구성원은 자신의 교육, 아이디어, 권력을 사용하여 실물 경제를 지배할 수 있다.[10] 이런 역전된 경제 시스템에서도 생태적 책임은 사실상de facto 지속되며, 생성(또는 보전)이 아닌 퇴화(또는 소비)가 협력의 기본 원칙이 된다. 기생 경제는 많은 사람이 불평등을 느끼지만 '총수요', '국내총생산', '명목성장률'과 같은 추상적인 척도를 '진보'로 위장하는 망상적인 번영 의식을 조장한다. 다시 말해서 생태적 책임성은 항상 협력의 기본 원칙이지만, 서비스 경제에 의해 조작되거나 보이지 않게 숨겨질 수 있다.

경제 활동과 생태적 책임을 분리하는 것은 일시적 현상일 수 있다. 자연 질서 내의 생성 주기는

---

10) 생태적 책임을 망각한 서비스 경제는 물리적 힘, 심리적 조작, 돈 가치 하락을 통해 실물 경제를 지배하고, 역사적으로도 지배해왔다. 과거에는 물리적 힘이 지배의 필수적인 수단이었다. 따라서 거의 모든 문화의 역사적 기록은 야만적인 인간 노예 행위와 비난받을 만한 폭압적인 규칙으로 더럽혀져 있다. 최근에는 일반적으로 물리적 힘이 심리적 조작과 금전적 약탈로 대체되고 있다. 모든 형태의 지배가 초래한 가장 명백한 결과는 서비스 경제 구성원에 의한 정치적, 지리적 권력의 통합과 중앙 집중화이다. 결과적으로 정부가 수행하는 사회, 정치, 경제 정책은 실물 경제의 활동에 대한 모든 구성원의 시간적 에너지 의존성을 종속시키거나 완전히 무시할 수 있다. 간단히 말해, 실물 경제를 지배하는 세 가지 방법은 모두 자연 질서 자체에 순종하기보다는 압도하려는 시도다.

수년 또는 수십 년에 걸쳐 전개될 수 있다. 따라서 기생적 협력 상태는 인간의 수명만큼이나 오랜 기간 이어질 수 있다. 이런 기생적 시스템은 장기적으로 볼 때, 모든 사람이 지켜야 할 생태적 책임을 잊어버렸기 때문에 언제나 지속 불가능한 것으로 귀결될 것이다. 자연 질서는 결국 그 힘을 발휘하여 주변부에 의해 다시 인식될 것이며, 종종 사회 전체와 문화에 막대한 대가를 치르게 할 것이다. 로마 제국의 멸망, 프랑스 혁명, 대공황으로 이어진 사건은 우리에게 익숙한 역사적 사례로 떠오른다.

경제 시스템의 모든 구성원은 일차적으로 그리고 궁극적으로 자연 질서에 대한 생태적 책임을 진다. 복잡하고 성장하는 협력 시스템에서 사람들이 서로에 대한 관계와 자연과의 관계에서 지속 가능한 번영을 이루려면 경제 활동은 언제 어디서나 이 강력한 원칙에 구속되어야 한다. 이를 위해서는 경제의 모든 지점에서 인간의 주체성과 야망을 자연 질서와 일치시키기 위해 구체적인 무언가가 전달되어야 한다. 이를 통해 번영의 개념이 실물 경제를 지배하는 자연 기준과 결코 분리될 수 없도록 보장되어야 한다. 즉, 자연 기준 자체를 재정의하고 협력 체계 내의 모든 구성원에게 확대 적용해야 한다. 이런 기준의 확장은 생태적 책임이 협력의 핵심으로 남을 수 있게 잊히거나 무시되는 것을 방지하고, 그렇게 해서 주변부의 활동이 항상 자연 질서와의 중심 접점에 있는 실물 경제에 묶여 있도록 보장할 것이다.

- 생태적 책임은 이상이나 약속이 아니라 살아 존재하는 현실이다.
- 돈은 생태적 책임을 반영하면서 협력을 촉진하는 자연의 기준을 확장한다. ● 돈 자체가 에너지의 구현체여야 한다. ● 돈의 기능은 부수적인 것 이상이다. ● 이러한 돈에 대한 이해는 현대 경제학 및 인류학 이론의 표준적인 설명과는 다르다.

지금까지의 연구를 통해 인간 협력의 몇 가지 핵심 원칙을 밝혀냈다. 우리는 먼저 인간과 세상이 시간 속에 존재한다는 사실을 알았다. 그런 다음 인간은 정복할 수도 피할 수도 없는 자연의 생성 및 퇴화의 순환 주기에 협력한다는 사실 역시 알게 됐다. 결과적으로 에너지 구현체는 모든 경제 시스템에서 협력의 기본 통화로서 생산 및 공유, 소비된다. 실물 경제는 자연스러운 측정 및 보상 기준 내에서 작동함으로써 구현된 에너지를 더 큰 경제로 매개하는 부문이다. 경제 규모와 복잡성이 커짐에 따라 사회의 모든 개별 구성원은 자신이 보유한 다양한 제품이나 제공할 수 있는 서비스를 필요한 에너지와 교환하려는 상호적인 욕구가 생긴다. 지금까지 배운 내용을 통해 우리는 경제의 모든 구성원이 자연 세계와 관련하여 서로에게 책임이 있다는 사실을 인식하게 되었다. 전체 경제의 구성원들이 지속 가능한 협력을 원한다면 생태적 책임을 경제 시스템의 중심에 두어야 한다.

인간 차원에서 생태적 책임을 자연의 한계와 명령, 그리고 그 한계 내에서 직접 일하는 사람들에 대한 충실한 존중으로 생각할 수 있다. 따라서 이런 의미에서 책임을 다하려면 자연의 한계 자체를 분별할 수 있어야 한다. 그러나 이런 한계는 우리가 설정한 것이 아니라 자연 질서에 의해 규정된 것이며, 우리는 발견하거나 드러낼 수 있을 뿐이다. 따라서 생태적 책임은 단순히 관념적인 약속이나 공유된 이상에 그치는 것이 아니다. 오히려 모든 행위자와 경제 시스템의 모든 지점에서 확인되고, 구체화되고, 교환되는 것이다. 이런 관점에서 이해하면 우리는 자연 질서 자체가 실물 경제에 부과하는 기준을 반영하는 공통의 척도이자 보상으로서 경제에서 돈 자체의 본질, 목적, 역할을 다루어야 한다.

돈의 본질은 거울과 같다. 경제 시스템 내의 모든 지점에서 생태학적 책임을 반영한다. 돈은 실물 경제 수준의 인간과 자연 사이의 고정된 접점에서 다양한 경제 시스템 내 모든 구성원으로 자연계 기준을 확장하는 역할을 한다. 이런 방식으로 돈은 번영에 대한 개념과 이상을 실물 경제의 객관적 책임, 에너지 구체화의 자연적인 리듬에 고정시켜 전체 사회가 이런 역동적인 생성 및 퇴화의 주기와 관련된 활동을 측정하고 보상하도록 보장한다. 생태적 책임을 반영하는 돈은 실물 경제가 자연과 협력하여 순항하면 더 큰 전체 경제 또한 번영할 수 있도록 보장한다. 실물 경제가 부진하면 전체 경제도 어려움을 겪게 된다.

자연 질서에 관한 돈의 철학적 모습을 살펴보면,

우리가 궁극적으로 척도와 보상이 동시에 존재하는 무언가를 설명하고자 한다는 것을 알 수 있다. 우리는 자연 질서와 관련된 인간 행동의 척도를 찾고, 자연이 실물 경제의 행위를 성공 또는 실패로 간주하는 것과 같은 방식으로 행동에 대한 보상을 추구한다. 앞 장에서 우리는 협력의 기본 통화가 에너지 구현체라는 것을 배웠다. 우리가 먹는 음식, 우리를 앞으로 나아가게 하는 연료, 모든 생명과 일을 가능하게 하는 원소와 물질이 바로 에너지 구현체다. 이러한 에너지 구현의 과정에서 우리는 자연계에서 발생하는 유형의 무언가를 발견하며, 그 자체로 이미 그것을 위해 수고한 1차 협력자의 활동에 대한 측정과 보상이 이루어진다. 농부를 다시 생각해보면, 현재의 수확은 지난 계절의 수확 또는 같은 계절에 다른 농부의 수

확과 비교하여 그 무게가 측정되기 때문에 좋거나 나쁘다고 판단된다. 동시에 수확 자체는 좋든 나쁘든 자연이 주는 객관적인 보상이다. 따라서, 에너지 구현의 본질적 특성은 그 자체로 측정 및 보상의 자연 표준을 반영하는 이중적 속성을 가지므로, 어떤 에너지 구현이더라도 다른 사례에 대한 공통의 측정 및 보상으로 작용할 수 있다.

돈이 그 자체로 자연 기준을 반영하고 확장하는 협력의 공통 척도이자 보상 역할을 하려면, 돈은 우리가 먹는 음식처럼 우리를 앞으로 나아가게 하는 연료처럼 그리고 지구에서 발견하는 유형의 물질처럼 존재해야 하며, 한마디로 자연 그 자체처럼 실재해야 한다. 실물 경제가 전체 경제가 의존하는 에너지 구현체를 생산하기 때문에 측정과 보상은 실물 경제의 성공과 실패를 결정하는 기준과 같은 종류의 것이어야 한다. 즉, 소프트웨어 엔지니어가 농부에게 부과된 동일한 기준에 따라 협력하기 위해서는 그의 돈이 풍작 또는 흉작과 같은 어떤 것이어야 한다. 따라서 돈은 에너지가 구체화된 것이어야 한다. 이제 돈에 대한 정의를 소개할 준비가 되었다.

| **정의 7** | **돈** 돈은 경제 활동에 대한 공통의 척도이자 보상 역할을 하는 에너지 구현체다. 돈은 실물 경제에 부과된 자연의 기준을 경제 시스템의 모든 구성원에게 확장하여 협력을 촉진하는 동시에 생태적 책임을 기본 원칙으로 반영한다.

이러한 돈에 대한 정의는 언뜻 보기에 오늘날 경제 이론에서 제시하는 설명과 비교하면 상당히

색다른 관점으로 보일 수 있다. 자연 질서에 관한 연구에서 직접 도출한 경제의 본질과 그 안에서 이루어지는 돈의 역할에 대한 결론이 이러한 표준 설명과 본질적으로 어떻게 다른지 이해하기 위해서는 이러한 개념을 간략히 살펴보는 것이 중요하다.

1875년 윌리엄 스탠리 제본스William Stanley Jevons는 세계의 화폐 시스템에 관한 에세이《화폐와 교환 메커니즘*Money and the Mechanism of Exchange*》을 발표했다.[11] 그 이후로 돈에 관한 모든 논의는 제본스가 아리스토텔레스와 로크의 말

---

11) See William Stanley Jevons, Money and the Mechanism of Exchange (London: H.S. King & Company, 1876).

을 빌려 사용한 용어를 중심으로 이루어지는 것이 정설이 되었다. 여기에는 돈을 '계좌 단위', '교환 수단', '가치 저장 수단'(그리고 그보다는 좁은 범위인 '가치 기준')으로 정의하는 것이 포함된다.

우리는 교환이 "상대적으로 불필요한 것을 상대적으로 필요한 것과 교환하는 것"이며, 따라서 이러한 기능으로 인해 돈이 효율적인 협력을 촉진한다는 제본스의 말에 동의한다.[12] 농부와 소프트웨어 엔지니어는 자신의 제품과 서비스를 돈으로 판매함으로써 각각 필요한 것을 다른 보유자들로부터 얻을 수 있다. 돈에 대한 우리의 정의는 돈이 공통의 척도이자 보상이라고 말함으로써 이

---

12) Ibid., II, p. 8.

러한 기능을 포착한다.

우리의 이해는 생태적 책임이 인간의 욕망에 구체적인 제한을 둔다는 것을 인식하는 한 제본스와 그의 전통을 따르는 사상가들로부터 출발한다. 이러한 방식으로, 상대적으로 불필요한 것을 상대적으로 필요한 것과 교환하는 것은 단순히 "두 숫자 사이의 비율" 그 이상의 것을 반영한다.[13] 또한 우리는 에너지 구현체의 유용성이 그 물리적 특성에서 비롯되는 본질적인 것임을 보여주었다.[14] 돈을 에너지의 구현체로 정의함으로써, 우리는 효율적인 협력을 촉진하는 기능을 넘

---

13) Ibid., II, p. 11.
14) Ibid., II, p. 9.

어 본질적으로 생태학적 책임을 반영하는 것으로 돈의 본질을 파악한다. 이러한 의미에서 우리는 '저장' 또는 '가치의 기준'이라는 용어에 대한 전통적인 이해에서 벗어난다. 경제 활동을 자연의 측정과 보상 기준에 고정시킴으로써, 우리는 장기간에 걸쳐 무언가를 소유하려는 개인적 욕망을 덜 강조하고 대신 지속 가능한 협동을 위한 집단적 욕망에 더 중점을 둔다. 우리의 정의에서 돈은 자연의 기준에서 비롯된 공통의 척도이자 보상이기 때문에 농부와 소프트웨어 엔지니어에게 장기적인 가치 저장 수단이다.

이러한 차이점을 고려할 때, 우리는 역사적으로 돈을 정의하는 데 사용된 용어들이 자연 질서에 대한 이해와 분리될 때 수수께끼가 된다고 주장한다. 기껏해야 돈의 기능에 대한 부수적인 설명일 뿐이며, 다른 의미로 쉽게 재구성되거나 재해석될 수 있다.

오늘날에는 디지털 데이터부터 예술 작품, 투자 증권에 이르기까지 모든 것을 설명하는 데 이러한 단어가 사용된다. 이러한 것들은 효율적인 협력을 촉진하거나 가치의 저장고로서 바람직할 수 있지만, 생태학적 책임을 반영하지는 않는다. 이와는 대조적으로, 자연 철학을 통해 우리는 돈의 진정한 본질은 그런 기능의 총합을 넘어선다는 것을 관찰할 수 있었다.

많은 사상가는 돈이 인간을 하나로 묶는 법적 허구인 사회 계약이며, 이에 따라 정의와 안전의 대가로 일부 자유를 국가에 양도한다고 설파했다. 이 시스템에서 돈은 공평한 협력, 전문화 및 개인 내 책임을 촉진하기 위해 합의된 인위적 표준이다. 돈이 가진 일종의 사회적 접착제로서의 측면도 사실이지만, 이는 화폐 시스템의 채택으로 인해 발생하는 특정 사회학적 또는 인류학적 특징을 이해하는 데 도움이 될 뿐이다. 돈의 더 중요한 '접착제' 기능은 더 넓은 경제를 실물 경제의 활동에 묶어 모든 경제 활동이 자연 질서의 결실에 따라 측정되고 보상을 받는다는 것이다.

대부분의 현대 논쟁에서 돈은 전적으로 주관적이거나 상대적인 것으로 이해된다. 현대 경제학자와 인류학자들은 돈은 국가의 인공물이며 그 자체로 유용한 것이 아니라고 믿는다. 즉, 돈은 국

가가 사용을 강제하는 한에서만 유용하다는 것이
다.[15] 그러나 그들은 생존을 넘어선 모든 사회에
서 이미 협력 시스템 내부와 전체에서 에너지 구
현체가 측정과 보상으로 움직이고 있다는 사실
을 인식하지 못한다.[16] 다시 말해, 생산자에서 소

---

15) 우리는 아담 스미스와 존 메이너드 케인스의 전통을 따르는 학자
들을 현대 경제학자의 입장을 표현하는 학자로 분류한다. 데이비
드 그레이버의 전통을 따르는 학자들은 현대 인류학자의 입장을
표현하는 학자로 분류한다.

16) 우리는 살아 움직이고 있는 모든 것은 반드시 신진대사를 하거나
에너지를 보존하고 소비해야 한다는 것을 보여주었다. 이는 과잉
생산이 아닌 생존이 모든 실물 경제 활동의 초기 목표라는 것을
의미하기 때문에 필수적인 통찰이다. 실물 경제는 소비에 필요한
것, 즉 식량, 에너지, 기초 재료와 같이 유용한 것을 생산할 수 있
는 잠재력을 가지고 있다. 간단히 말해, 농부의 초기 목표는 먹고
살기 위해 일하는 것이다. 반면에 서비스 경제는 자체 생산품으
로 자급자족할 수 없기 때문에 항상 과잉 생산을 하고 있다. 생태
학적 책임을 무시한 경제학자나 인류학자는 에너지 과잉 생산을
마치 협력의 기본 상태인 것처럼 당연한 것으로 받아들인다. 현
실 경제의 생산물이 영구적인 과잉 생산 상태에 있다고 가정하는
이 가상의 세계에서 두 학파는 이러한 에너지 구현체가 사회의 한
부문에서 다른 부문으로 이동하는 방법(교환 시장 vs. 이타주의)
과 이유(보이지 않는 손 vs. 도덕적 의무)에 대해 논쟁을 벌인다.

비자로의 초기 이동의 원동력은 엔트로피에 직면하여 에너지를 대사하려는 생명 충동을 반영하기 때문에 어떤 비즈니스 관계, 국가가 강제하는 사용 또는 주관적으로 결정된 가치보다 더 근본적이다.[17] 또한 자연으로부터 에너지를 선물로 받고 이를 지역사회와 공유하는 데 동의하는 경제 구성원들을 중개하는 실물 경제의 역할에 대한 아름다운 의미를 담고 있다.

돈 자체가 에너지의 구체화라면, 돈은 그 자체로 유용하다. 에너지가 없다면 생명도, 움직임도, 협

---

[17] 이러한 통찰은 사재기에 대한 일반적인 경제 상식을 해결하기 위해 확장될 수 있다. 우리가 에너지를 비축하면 "금고를 열어 잿더미를 발견하게 될 것"이라는 말이 있다. Annie Dillard's The Writing Life (New York: Harper-Perennial, 1990), pp. 78-79.

력도 존재하지 않을 것이기 때문이다. 앞서 정의한 대로 에너지의 구체화 범주에는 음식, 연료, 기본 원소가 포함된다. 인류학자들은 종종 문화와 시대에 걸쳐 돈으로 사용된 이러한 에너지 구현체의 다양한 역사적 사례를 언급한다. 아몬드, 청동, 카카오 열매, 옥수수, 면화, 구리, 모피, 인디고, 철, 납, 올리브유, 소, 소금, 양, 주석, 담배, 밀, 나무 등이 다양한 사회에서 돈으로 유통되어왔다.[18]

이들 중 어느 것이든 돈으로 사용될 수 있지만, 어떤 유형의 에너지 구현체가 자연 기준, 공통의 척도 및 보상, 따라서 탈자급 사회에서 생태적 책임의 거울로서 더 나은 역할을 할 수 있는지에 대한 의문이 제기된다. 우리가 지금 다루려는 질문

은 잠재적인 돈의 위계가 존재하는지, 다시 말해
돈의 자연 질서가 존재하는지 여부이다.

18) 최근 경제학자들은 조개껍질, 소라껍질, 다양한 모양의 돌과 종이 등 특이한 역사적 사례를 통해 돈이 반드시 유용할 필요는 없다는 것을 보여준다고 주장하고 있다. 우리는 경제학자들에게 같은 기간 동안 지리적 관찰 범위를 확장하라고 주장하면서 그 의견에 반대한다. 그들은 다른 곳에서 더 생산적이거나 복잡한 사회에서 유용한 에너지 구현체가 돈으로 사용된다는 사실을 언제나 발견하게 될 것이다. 경제학자들의 사례는 종종 실패하거나 사라진 희귀한 화폐 실험을 묘사하기 때문에 이는 경제학자들의 역사에 관한 주장을 오류로 이끌기도 한다. 경제학자들은 대다수 국가가 에너지의 구현체가 아닌 인위적인 돈을 사용하는 현대를 지적하며 우리의 반대에 대응할 수 있다. 하지만 역사가 증명하듯, 지금은 보편화된 이러한 사례도 시간이 지나면 실패한 화폐 실험이 되어 전임자들처럼 사라질 것이다. 현재에도 각국 정부와 중앙은행이 원유, 천연가스, 금, 구리, 곡물 등 에너지 실물자산으로 자체적인 거래 활동과 거래를 계속하고 있다는 사실이 이러한 믿음을 뒷받침한다. 심지어 우리 시대에도 부유층과 권력층이 거래할 때 유용한 에너지 구현체가 돈으로 사용되는 반면, 일반 시민은 독립적인 용도가 없는 돈으로 측정되고 보상받도록 강요하는 이중 기준이 존재한다고 주장하는 것도 가능하다.

7장

● 우수한 돈은 엔트로피에 저항력이 있고 자연에서 추출하기 어렵거나 희귀하다. ● 진정한 돈은 식량이나 연료가 아닌 원소 물질이 될 것이다. ● 원소는 자연적으로 희소하며 각 원소는 변하지 않는 특정 특성을 보여 준다. ● 금은 돈의 자연 질서 내에서 정점에 있는 원소다.

이제 우리는 자연 질서의 핵심, 환원할 수 없는 복잡성과 법률과 같은 규칙성을 더 깊이 파고들어 어떤 에너지 구현체가 돈으로 가장 잘 활용될 수 있는지 알아내야 한다. 첫째, 최고의 잠재적 돈은 시간의 흐름에 따른 엔트로피에 대한 저항력이 뛰어난 에너지 구현체일 것이라고 추론할 수 있다. 즉, 가장 에너지 효율적인 방식으로 시간이 지나도 물질적 무게를 유지할 것이다. 보존을 위해 에너지를 추가로 소비하지 않고도 생산된 그대로 유지될 것이다. 이 돈은 진정으로 자연의 일부이자 산물이지만, 대부분의 자연물보다 퇴화의 영향을 더 오래 견디기 때문에 모든 순간에 모든 협력 행위를 측정하고 보상할 수 있는 자연 표준의 신뢰할 수 있는 확장이 될 것이다. "시간이 곧 돈이다"라는 격언은 돈도 시간과 마찬가지로 과거부터 현재를 거쳐 미래까지 지속되어야 한다는 점에서 사실이다.

둘째, 우리는 사용 가능한 에너지 구현체 중에서 돈으로 사용하기에 가장 우수한 선택은 자연에서

구하기 어려운 에너지일 것이라고 추론할 수 있다. 여기서 어렵다는 것은 다른 에너지보다 더 많은 에너지 구현체가 돈을 생산하는 데 필요하다는 것을 의미하다. 이 돈은 자연적인 측정 및 보상 기준의 상한을 반영하며, 그에 따라 모든 난이도의 하한이 상대적으로 정렬되고 측정되는 고정된 척도 또는 정점 역할을 할 것이다. 곧 알게 되겠지만, 이 두 가지 특성은 자연 질서의 객관적인 특징인 자연 희소성의 함수다.

방금 설명한 두 가지 특성, 즉 (1) 엔트로피에 대한 저항성과 (2) 채굴 난이도 또는 희귀성은 에너지 구현체가 돈의 자연 질서 내에서 상한으로 고려되는 입장료의 역할을 한다. 음식과 연료는 필수적인 에너지 구현체지만, 임박한 소비 또는 궁극적인 부패에서 엔트로피의 즉각적인 영향을 받는다. 따라서 생계를 넘어선 사회에서, 식량이나 연료는 우월한 돈의 역할을 하지 못한다.

고려해야 할 나머지 에너지 구현체는 순수 원소 또는 순수 원소의 화합물이다. 화합물은 구성 원소로 분해될 수 있지만, 순수 원소 자체는 일반적인 화학 반응을 통해 더는 환원될 수 없으므로 단순하고 기본적이며 균질한 물질 단위다.[19] 이렇게 대체 가능하거나 상호 교환 가능한 원소는 모든 물질의 근본적인 '구성 단위'로서 물리적 현실의 원료라고 올바르게 서술할 수 있다. 순수한 원소

---

19) 다이아몬드와 보석은 균질하지 않거나 상호 교환이 불가능하기 때문에 열등한 돈에 해당한다.

들은 인간의 노력으로는 만들 수 없는 유일한 단
일 물질이며, 따라서 에너지 구체화를 통해 자연
에서 추출해야 한다. 돈은 음식이나 연료처럼 자
연 자체에서 추출되지만 (음식이나 연료와 달리)
엔트로피에 저항하는 에너지 구현체가 되려면, 남
은 유일한 선택은 돈이 원소가 되는 것뿐이다.

자연 질서 내에서 잠재적 돈의 상한과 상대적 순
위를 밝히기 위해 주기율표를 뛰어넘어서 살펴볼
필요는 없다. 이 책을 집필한 시점에 과학계가 인
식한 118개의 원소 중 94개는 지구에서 자연적으
로 발생한다고 할 수 있다.[20] 이 목록에는 극미

---

20) See Eric R. Scerri, The Periodic Table: Its Story and Significance (Oxford: Oxford University Press, 2006).

량으로 존재하는 원소 6개가 포함되어 있다. 따라서 자연에서 극미량으로 발견되지 않는 원소는 88개다.[21]

순수한 원소는 개별 원소 고유의 물리적 속성을 보유하며, 이로 인해 각각의 원소는 자질과 잠재력이 다르다. 이러한 특성 또는 속성에는 자연적인 형태, 색상 및 질감과 같은 질적 외관, 특정 무게 또는 질량, 상대적 전기 음성도, 전도도, 공기와의 반응성, 항균 효과, 지각 함유량 등이 포함된다. 이러한 변하지 않는 특성 덕분에 각 원소의 개별적인 특성을 고유하게 관찰하고 측정하며 예

---

21) 이번 조사에서는 실험실에서 생성되거나 극미량으로 존재하는 30가지 원소를 제외한다.

측할 수 있다. 각 원소가 고유한 특성을 보인다는
사실은 우리가 자연 희소성이라고 부르는 자연
질서의 현상이다.

|**정의 8**| **자연 희소성** 순수 원소는 자신의 현실과 잠재
력의 한계를 정하는 변하지 않는 속성을 나타낸다.

자연 희소성은 자연에서 이미 주어진 것, 주어진
방법, 주어진 양 외에는 다른 것을 찾을 수 없다
는 것을 의미한다.[22] 예를 들어, 도구를 만들 수
있는 재료를 자연에서 찾으려면 녹는점에 접근
가능한 특정 무게의 연성 고체를 찾아야 한다.

---

22) 식량과 연료의 자연 희소성에 대한 추가 연구는 '부록 I'을 참
조하라.

이제 우리가 돈을 위해 추구하는 위의 특성, 즉 엔트로피에 대한 저항성과 채굴 난이도를 충족하는지 여부와 관련하여 원소의 본질적인 특징을 살펴보자. 원소가 엔트로피에 저항하는지를 결정하는 특성 중 첫 번째는 자연 형태의 범주다. 원소는 고체, 액체, 기체의 세 가지 형태를 나타낸다. 우리는 돈이 고정된 실체여야 한다는 단순하고 실용적인 이유 때문에 고체만을 고려할 수 있다. 고체는 부서지기 쉽거나 연성이라는 두 가지 형태가 있다. 부서지기 쉬운 고체는 힘을 가하면 조각조각 부서지기 때문에 변화 없이 견디기가 불가능하지는 않더라도 어려움이 있다. 연성 고체는 인장력을 받으면 부피는 그대로 유지하면서 변형된다. 금과 납은 고체 중 가장 연성이 높은 반면 비스무트(푸른 납)와 베릴륨(알칼리 금속)

은 가장 부서지기 쉽다. 가단성(외부 힘에 의해 변하는 성질)은 압축력을 받았을 때 원소의 부피 중량을 유지하는 능력을 반영한다는 점에서 연성과 유사하다. 모든 연성 고체가 연성이 있는 것은 아니며 금, 은, 알루미늄, 구리, 주석, 납, 아연이 연성 고체 중 가장 연성이 높다는 점에 유의하는 것이 중요하다. 자연적으로 안정적이고 단단하지만 부서지기 쉬운 원소는 무게 있는 형태로 물질적 존재를 유지할 수 없기 때문에 돈으로 기능할 수 없다.

예를 들어 로듐(은백색 금속)은 다루거나 작업하려고 하면 매우 부서지기 쉬워 모두가 공유해야 하는 돈으로 사용하기에 부적합하다. 요약하자면, 우리의 돈은 연성 또는 가단성이 있는 고체여야 한다.

엔트로피에 대한 저항성을 고려할 때 공기와의 반응성 또한 필요불가결한 특성이다. 이는 원소가 상온에서 안정한지, 독성이 있는지, 휘발성이 있는지, 산소나 다른 기체와 반응하는지를 나타낸다. 대부분의 자연 발생 원소는 공기와 반응하여 산화 화합물을 형성하므로 산화, 녹, 폭발 등을 통해 엔트로피에 영향을 받는다.

익숙한 예로 철을 들 수 있다. 철은 공기에 노출되면 산화철이라는 화합물이 되는데, 이는 철이 순수한 원소 형태에서 시간이 지남에 따라 녹으로 변한다는 것을 의미한다. 마찬가지로 반짝이는 구리 지붕의 표면도 시간이 지나면 녹으로 변한다. 공기와 반응하는 경향 때문에 철, 구리 및 기타 금속은 잠재적 돈으로서의 가치가 떨어진다. 공기에 노출되었을 때 안정적으로 유지되는 자연 발생 원소는 단 네 가지뿐이다. 귀금속이라고 알려진 금, 은, 백금, 팔라듐 등이다.[23]

이제 두 번째 난이도 기준인 원소의 물리적 희소성이라는 중요한 속성을 살펴보아야 하는데, 이는 오늘날 과학 용어인 '지각 함유량'으로 알려져 있다. 이 현상에 대한 우리의 관찰은 오랜 세월 동안 지구에 뚫린 수백만 개의 구멍에서 알 수 있

---

23) 은은 산소나 물과 반응하지 않지만 유황 함유 물질에 노출되면 본연의 색을 잃는다. 이를 변색이라고 하며 쉽게 제거할 수 있다. 철과 같은 금속이 산소와 반응하여 파괴되는 녹이나 부식과 다르다.

듯이 수천 년 동안 땅속에서 원소를 탐사하고 추출한 결과의 산물이다. 지각 함유량이라는 렌즈를 통해 우리는 지표면에 존재하는 원소들의 상대적 존재량과 관련하여 원소들 사이에 미리 주어진 관계가 존재한다는 것을 알 수 있다. 산소(식물 뿌리와 토양 미생물이 호흡에 사용하는)는 가장 풍부한 원소이며, 마찬가지로 지표면에는 금보다 납이 더 많이 존재한다. 구리나 니켈보다 나트륨과 칼슘이 땅속에 더 많이 존재하는 것과 같은 이치다. 자연에 대한 관찰과 협상을 통해 각 원소는 다른 원소와 비교했을 때 상대적인 함유량의 척도로 지구에 물리적으로 존재한다는 것을 알 수 있다.

지각 함유량은 다른 원소보다 특정 원소를 발견

하고 추출할 가능성이 얼마나 높은지, 따라서 자연에서 이러한 원소를 추출하는 데 얼마나 많은 에너지가 필요한지를 알려주는 중요한 지표다. 인간의 관점에서 볼 때 지각 함유량은 자연에서 원소를 발견하고 추출하는 데 필요한 난이도, 시간, 에너지의 양에 지나지 않는다. 자연 질서 자체의 관점에서 보면 지각 함유량은 지구에 퇴적된 특정 원소의 상대적 분포와 전체 무게를 반영한다. 한마디로 지각 함유량은 자연 자체의 사실로서 원소가 얼마나 희귀한지를 나타낸다.

고체 원소의 다른 특성(전기 음성도, 녹는점, 비중, 전도도 등)은 엔트로피에 대한 원소의 저항이나 상대적 희소성 또는 채굴 난이도를 반드시 나타내는 것은 아니지만, 유용성과 같은 원소의 다른 중요하고 개별적인 측면을 표현하므로 자연 희소성의 복잡한 구성 원리를 드러낸다. 이러한 추가 특성 중 첫 번째는 비중 또는 무게다. 비중은 다른 원소와 비교해서 한 원소의 상대적인 밀도 또는 무게로 이해할 수 있다. 각설탕만 한 크기의 순금과 순은 두 덩어리를 양손에 쥐거나 저울 위에 올려놓는다면, 같은 크기더라도 무게가 다르다는 것을 즉시 알 수 있다. 예를 들어 같은 각설탕 크기더라도 금이 은보다 무겁다. 비중의 척도는 각 원소의 고유 무게에 대한 이 기본적이고 불변하는 속성을 나타낸다. 지각의 풍부함을 고려할 때 비중이 높은 희귀 원소는 적은 부피를 차지하여 경제 주체들 간에 이동과 공유가 용이하다는 추가적인 이점을 제공함으로써 자연적인 측정 및 보상 기준의 우월한 확장 역할을 할 수 있다는 점을 이해할 수 있다.

원소의 녹는점은 원소가 자연적으로 발생하는 상태에서 변형되는 온도를 나타낸다. 예를 들어 섭씨 1085℃(섭씨온도)에서는 구리가 고체 상태에서 용융 상태로 변한다. 이는 합금을 하거나 동상, 파이트, 전기 코일과 같은 물체를 만들 때 유용하다. 원소의 전기 전도도 또는 열전도도는 전류 또는 열을 전도하거나 방해할 가능성을 나타낸다. 은, 구리, 금은 가장 전기 전도성이 높은 금속이다. 은은 태양광 패널 생산에 가장 많이 사용되는 금속이며, 인쇄 회로 기판의 접점, 납땜 합금 및 배터리 생산에도 사용된다. 구리는 전도성이 높은 금속이기 때문에 역사적으로 찻주전자나 더치 오븐과 같은 조리기구로 사용됐다. 다른 금속과 비교해서 빠르게 가열되고 더 오랜 시간 동안 열을 유지하기 때문이다.

하지만 은은 변색을 일으키고 구리는 산화되기 쉬워서 시간이 지남에 따라 전도율이 저하된다. 이러한 이유로 스위치 및 릴레이 접점, 납땜 조인트, 연결 전선, 연결 스트립, 휴대폰 및 컴퓨터에서 금이 선호되는 도체다. 실제로 선진국의 평균적인 사람들은 스마트폰과 컴퓨터 사용을 통해 하루에 거의 4시간 동안 금의 속성을 이용한다.[24]

---

24) Michael John Bloomfield and Roy Maconachie, Gold (Cambridge: Polity Press, 2021), p. 6

원소는 박테리아, 곰팡이, 조류, 심지어 바이러스와 같은 미생물을 죽이거나 성장을 억제하는 천연 항균 작용도 한다. 구리, 은, 수은, 아연, 금은 원소 중 항균성이 가장 높은 원소다. 구리는 미생물을 제어하고 죽이기 위해 농업과 의학에서 광범위하게 사용된다. 은은 피해 부위가 넓은 화상에 대한 소독제로 사용되며 수술 감염을 예방하는 데 사용된다. 항균 특성 덕분에 은은 수천 년 동안 성배, 수저, 접시, 물통에 선호되는 소재였다. 금은 치과용 인레이와 류마티스 관절염 치료에 사용된다.

88개의 자연 발생 원소 중 엔트로피에 대한 저항성과 상대적 희소성이 가장 높은 임계치를 통과한 원소는 4개에 불과하다. 바로 위에서 언급한

귀금속들이다. 다음 표는 이러한 원소와 그 자연
적 속성에 대한 개요를 제공한다.

그림 1 귀금속[25)]

원소	자연적 상태	지각 함유량 (PPM)	비중	녹는점 (℃)	경도
금	연성 고체	0.004	19.32	1065	2.5
백금	연성 고체	0.005	21.45	1773	3.5
팔라듐	연성 고체	0.015	12.00	1555	4.75
은	연성 고체	0.075	10.49	961	2.5

이 귀금속 원소 표에서 금이 돈의 자연 질서에서
정점 원소임을 식별하는 것은 비교적 쉬운 일이

---

25) See W.M. Haynes, CRC Handbook of Chemistry and
Physics 97th Edition (CRC Press, 2016). 광물 경도를 측정
하는 단위 모스 스케일은 1822년 프리드리히 모스가 광물학에
관한 논문에서 소개했다.

다. 지각 함유량에서 시작할 수 있다. 금은 은이
나 팔라듐보다 희귀한 것은 분명하지만, 지각 함
유량 측면에서 백금과 동등한 위치에 있다는 데
이의를 제기하지 않는다. 금이 백금보다 원소 화
폐로서 우월한 이유를 이해하려면 이러한 귀금속
중 에너지 구현체를 추가로 소비하지 않고도 시
간이 지남에 따라 물질적 무게를 가장 잘 유지할
수 있는 귀금속이 무엇인지 고려해야 한다. 백금
은 고유한 경도와 높은 녹는점 때문에 경제 내에
서 사용될 때마다 금에 비해 훨씬 더 많은 에너지
소비가 필요하다. 따라서 백금을 돈으로 사용하
면 에너지 효율이 떨어진다.

이 장에서는 돈에는 실제로 자연 질서가 존재하
며, 이는 자연 질서 자체에서 흘러나와 특정 돈을

다른 돈보다 우월하게 만드는 처방이 있다는 것을 배웠다. 이 질서 내에서 가장 높은 순위를 차지하는 것은 금이며, 백금과 은과 같은 다른 귀금속이 그 뒤를 잇는다. 이러한 각 금속은 자연 기준을 확장하고 경제 내에서 생태적 책임을 반영하는 역할을 할 수 있지만, 금은 상대적 자연 희소성과 엔트로피에 대한 저항성으로 인해 특별한 위치를 차지하는 것으로 보인다.

금은 독특한 자연적 특성으로 인해 인류 문명이 시작된 이래로 지구상에서 가장 귀중하고 바람직한 물질의 지위를 놓치지 않고 있다. 그 이유는 무엇보다도 금이 가장 희귀하고 오래 지속되는 에너지 구현체이기 때문이다. 무게의 밀도와 그에 따른 운송의 용이성, 전도성과 인공물 제작에 대한 유용성, 항균성, 화려함, 광채, 광택 등은 모두 협력 사회에서 일반적인 측정 및 보상 수단으로 교환되는 자연 에너지 구현체로서의 지위를 강화하는 추가적인 이점이자 표상이다.

● 돈이 금일 때, 사람과 자연 사이의 운영이 지속 가능해진다. ● 금화
는 생성 및 퇴화 주기 모두에서 안정적인 척도이자 보상으로 남는다.
● 우리는 인위적인 돈과 기생 경제의 시대에 살고 있다. ● 해법은 서
비스 경제가 아닌 자연에 의해 주어져야 한다. ● 금은 생태적 책임의
완벽한 거울이다.

우리의 철학적 탐구는 돈에는 자연의 질서가 존
재하며 금은 자연의 질서가 부여한 돈의 모범이
라는 것을 보여주었다. 돈이 금일 때 경제 활동은
실물 경제에 부과된 자연적 측정 및 보상 기준에

고정되어 인간의 주체성과 야망이 생태적 책임을 반영하고, 따라서 사회와 자연 간의 협력이 지속 가능하도록 보장한다. 역사적으로 초기 문명이 4천 년 전에 이러한 지식을 입증했다는 사실은 돈에 대한 자연스러운 질서가 실제로 존재한다는 증거다.[26]

금은 자연이 우리에게 물려준 에너지 구현체 중에서 가장 오래 지속되고 가장 에너지 효율적이며 가장 희귀하다. 금은 자연 기준에서 채굴 난이도의 정점에 있으며, 따라서 그 아래에 배열된 에너지 구현체들과 경쟁하지 않고도 이를 측정하고

---

26) See Appendix II for a historical investigation into the earliest use of precious metal money.

보상할 수 있다. 금은 자연이 생명력과 운동에 필요한 더 풍부하고 일시적이며, 더 필수적인 에너지 구현체와 교환하는 대가로 무게에 따라 분배하는 순수한 원소다. 따라서 농부와 금을 캐는 광부는 자연의 기준과 자연의 냉혹한 진실에 답해야 한다는 점에서 많은 공통점을 공유한다. 광부는 농부에게 에너지 측면에서 의존하지만, 생계를 넘어선 사회에서 광부가 수확한 금은 농부가 수확한 식량에 대한 최고의 척도이자 보상으로 작용한다. 두 사람 모두 농부가 생산한 식량을 먹지만, 금은 광부의 지속적인 에너지 구현체로 남아 경제 전체를 위한 돈 역할을 할 수 있다.

금은 경제 전반에 걸쳐 계속 순환하면서 고유하고 개별적인 활동의 복잡한 네트워크를 측정하고 보상하기 때문에 자연 질서의 본질적인 한계를 반영하는 것을 멈추지 않는다. 금은 협력 사회가 존재하고 번영하기 위해 반드시 이루어져야 하는 인간과 자연 간의 기본 협상을 더 큰 경제 시스템에 상기시켜준다. 이는 실물 경제가 매개하는 생성 및 퇴화의 자연적 순환에 자신의 활동을 고정적으로 연결함으로써 시스템의 모든 참여자에게 생태적 책임을 부여한다. 따라서 생성 주기에서는 금에 비해 잉여 에너지가 증가하여 자연으로부터의 풍요로운 상태와 서비스 경제 활동의 확장을 지원할 수 있는 수용 능력을 나타낸다. 반대로 퇴행적 주기에서는 금에 비해 에너지 구현체의 잉여가 감소하여 자연으로부터의 결핍 상태와 경제 활동을 실물 경제로 재조정해야 할 필요성을 나타낸다.

이전 장에서 배운 것처럼, 자연 희소성은 생성 및 퇴화 경제 사이클 모두에서 금이 더 근본적이긴 하지만 일시적인 에너지 구현체들에 비해 자연계에서 더 적은 양이 방출되도록 항상 보장된다. 이러한 이유로 돈이 금일 때 생태적 책임성은 실물 경제, 서비스 경제, 자연 세계 간의 관계를 역동적으로 조정하고 반영하는 협력의 기본 원칙으로서 언제 어디서나 구체화된다. 이는 사람과 사람, 사람과 자연이 항상 함께 협력해야 하며 자연의 흐름을 지배하거나 영향을 미치려는 시도는 항상 실패한다는 것을 상기시켜주는 자연의 방식이다. 우리가 금을 돈으로 사용함으로써 돈에는 자연의 질서가 있다는 것을 구체적으로 인식한다면, 자연은 우리가 원한다면 계절에 따라 지속 가능한 번영을 누릴 수 있게 해줄 것이다.

돈에 대한 우리의 철학은 이해하기 어려울 수 있다. 현대 독자에게는 너무 단순하거나 개념적으로 보일 수도 있다. 왜냐하면 우리는 서비스 경제의 인위적인 돈이 협력 행위에 대한 척도이자 보상으로, 종종 유해하게 활용되기도 하는 시대에 살고 있기 때문이다. 결과적으로 현대 경제 이론은 이러한 인위적인 관찰과 예측에 의존하여 지속 불가능한 형태의 협력을 조장한다. 경제학자들은 인간 사회가 자연계와 농부, 광부, 에너지 생산자에 의존하고 있다는 사실을 인식하지 못하고 자연을 효율성과 명목상 성장을 위해 손질해야 할 기계로 간주한다. 그렇게 자연 질서 내에서 지속 가능한 직업인지 여부와 관계없이 추상적인 고용은 번영의 신뢰할 수 있는 척도로 간주된다. 결과적으로 모든 경제 구성원은 실질적인 경제적 생계에 대한 주장이나 호소 없이 그들에게 제공되는 임금을 받아들일 유동적인 노동자로 추정된다. 따라서 가장 기본적인 생계에 필요한 식량과 에너지 제품의 수입은 먼 곳에서도 현지 생산과 동일하게 측정된다. 마찬가지로 이러한 기본 재화를 가장 높은 가격에 수출하는 것은 이러한 에너지원의 보존에 대한 고려 없이 경제적 성공의 신호로 찬사를 받는다.

우리는 역사적 사례나 젊은 부부가 임금으로 집을 살 수 있었던 과거의 이야기를 통해서만 생태적으로 책임감이 있는 경제에 대해 전해 듣는다. 중산층 가정이 소득 대부분을 주거비와 식비로 지출할 필요가 없던 시절이나 공장 노동자도 동네 재봉사가 만든 드레스나 양복을 지금 시중에서 파는 것보다 더 질 좋은 재료로 만들 수 있었던 시절이다. 날이 갈수록 생필품 가격은 농부와 임금 노동자의 구매력에서 벗어나고, 인위적으로 만들어진 돈은 소수의 손에 집중되어 명목상 부를 현명하고 신속하게 물리적 자산으로 구체화한다. 이러한 거짓 돈은 돈의 자연 질서가 우리에게 요구하는 가장 기본적인 요구 사항, 즉 돈 자체가 에너지의 화신이어야 한다는 것을 충족시키지 못한다. 우리의 돈이 자연의 질서와 그것이 우리에게 요구하는 것을 끊임없이 상기시키지 못한다면, 우리는 생태적 책임과 농부와 자연에 대한 우리의 집단적 의존을 잊어버릴 뿐이다.

돈에 관한 잘못된 패러다임으로 실물 경제의 일원이 되는 것은 경시되고 심지어 낙담하기까지

하는데, 그 이유는 바로 이 직업이 정당한 보상을 보장받지 못하기 때문이다. 주변 경제 행위자들이 번창하는 동안 농부는 마치 뒷전인 것처럼 충분한 보상을 받지 못한다. 그래서 농부와 양치기는 대학에 다니고 도시에서 일하기 위해 가족 땅을 떠나도록 강요당한다. 신세대는 자연에서 손을 더럽히기보다 사무직에 종사하기를 원하고, 한때 사회의 더 큰 이익을 위해 경작하고 일하던 땅은 초부유층을 위한 광활한champaign 주택으로 바뀌고 있다.[27] 그런 다음 식량, 연료 또는 원자재 부족이 발생하면 우리는 놀라서 다른 나라에서 식량을 조달하여 스스로를 보호하려고 시도한

---

27) 'champaign'이라는 단어는 미국의 도시나 스파클링 와인이 아니라, 평평하고 개방된 넓은 땅을 나타내는 의미로 사용됐다.

다. 이러한 시스템에서 우리는 인플레이션, 무분별한 지출, 무한 성장 등 자연 질서 자체에 상응하는 것이 없는 거꾸로 된 퇴행적이고 기생적인 경제의 소화불량 증상을 받아들이도록 조건화되어 왔다. 우리는 자연의 질서와 그에 따른 보상과 처벌이 주는 객관적인 희소성보다는 주변 행위자들의 주관적인 욕망에 기꺼이 휘둘려왔다.

우리는 자연 질서와 가시적으로 연결해주는 원소화폐를 사용하지 않기 때문에 '희소성을 넘어선' 시대에 살고 있다고 생각하며 더는 희소성의 진정한 의미를 이해하지 못한다. 그러나 끝없는 번영, 공리주의적 복지, 기술 우위의 미래에 대한 가장 급진적인 약속조차도 우리 경제에서 에너지 구현체나 생산을 지배하는 자연 희소성의 역할을 대체할 수는 없다. 이러한 신자유주의적 약속은 항상 연금술의 함정에 빠질 것이며, 지금은 정교하지 못한 과거에 대한 순진하고 아집적인 추종으로 조롱받기도 한다.[28]

환경운동가들도 마찬가지로 현재의 시스템을 구동하는 낭비와 소비가 자연의 방식과 그 안에서 우리가 차지해야 할 겸손한 자리에 반한다는 것을 인식하고 있다. 그러나 이러한 질병에 대한 해결책은 주변부에서 주어질 수 없다. 해결책은 고

---

28) 한스 크리스토프 빈스방거는 중세 말기에 이르러 정치 지도자들은 연금술로는 비금속을 금으로 변환하는 데 성공할 수 없다는 사실을 깨닫게 되었고, 따라서 무에서 유를 창조하는 프로젝트가 연금술사에서 경제학자로 점차 옮겨갔다고 주장한다. See Hans Christoph Binswanger, Money and Magic: A Critique of Modern Economy in Light of Goethe's Faust (Chicago: University of Chicago Press, 1994).

정된 중앙 지점에서 바깥으로 뻗어나가야 하며,
자연 자체에 의해 주어지고 경제 전체에 걸쳐 배
치되어야 한다.

돈은 모든 사회에서 생태적 책임의 거울이다. 이
런 식으로 우리의 돈은 인간 경제의 건전성과 이
상을 반영한다. 거울이 더 반사되고 선명할수록,
우리는 공유 사회와 문화의 구성원으로서 서로와
자연 세계와의 관계에 대한 진정한 반영을 더 잘
인식할 수 있다. 그러나 거울이 변색되거나 안개
가 끼면 반사가 왜곡되어 자연 세계와의 관계에
서 우리 자신을 전혀 볼 수 없게 된다. 그러면 우
리는 우리만이 우주의 주인이자 입법자라는 잘못
된 믿음에 빠질 수 있다. 돈의 자연 질서는 금을
실물 경제와 자연 사이의 고정된 접점에서 경제

시스템의 모든 구성원에게 생태적 책임의 빛을 반사하고 비추는 완벽한 거울로 규정하고 있다. 이 빛은 엔트로피와 조작에 저항하기 때문에 선의로 협력하고자 하는 사람들은 그 빛속으로 들어가 동료 시민들과 자연 질서 자체와의 관계에서 자신의 개별 활동을 평가하게 된다.[29] 이 계약을 수락하는 사람들은 실질적이고 지속적인 번영에 기여하고, 그렇지 않은 사람들은 시간이 지나면 어둠 속으로 사라진다.

---

29) 우리는 돈을 모든 구성원이 자연의 측정과 보상 기준에 따라 협력하도록 유도하면서 생태적 책임을 지도록 만드는 에너지의 구현체로 정의한다. 다시 한번 강조하지만, 포스트 자급자족 사회에서 우리는 실물 경제와 서비스 경제를 공생하는 것으로 본다. 우리는 서비스 경제의 개인이 땅을 경작하거나 광석을 캐지 않고도 실물 경제의 개인보다 훨씬 더 성공할 수 있다는 것을 받아들이는 데 어려움이 없다. 이러한 결과를 완전히 계산하거나 예측하려는 것은 방법론적 오류이며 실제로 불가능하다. 우리의 가장 큰 관심사는 사회 전체가 항상 생태적 책임에 따라 움직여야 한다는 것이다.

세 남자가 아침 일찍 일어났다. 첫 번째 남자는 땅을 밟았다. 두 번째 남자는 광산으로 내려갔다. 세 번째 남자는 사무실 건물로 들어갔다. 정오가 되면 첫 번째 남자는 농작물을 돌보고,

두 번째 남자는 1그램의 금을 생산하고, 세 번째 남자는 회의에 참석하여 컴퓨터에 코드를 입력했다. 몇 주가 지나고 첫 번째 남자가 생산한 잉여 식량은 현지 시장에서 두 번째 남자가 생산한 잉여 금으로 판매됐다. 세 번째 남자도 마찬가지로 금이라는 돈을 사용하여 자연 표준에 따라 자신의 봉사를 측정받고 보상받아야 한다. 아니면 자신의 방식을 바꾸어 농부나 광부가 되어야 한다. 이들은 자연적으로나 사회적으로나 지속 가능한 방식으로 협력한다. 이제 현대 사회에서 우리가

기대하는 식량이 단순히 주어진 것이 아니라는 것을 알 수 있다. 소프트웨어 엔지니어는 농부로부터 식량을 공급받기 위해서는 그들이 공유하는 돈을 통해 자연의 질서를 끊임없이 상기시켜야만 한다고 가정할 수 있다.

부록 1

7장에서는 순수 원소와 관련된 자연 희소성 현상을 살펴보았다. 순수 원소는 자연 질서의 이 특징이 가장 객관적이고 강력하게 표현되는 대상이다. 이제 자연 희소성이 식품 및 연료와 같은 에너지 구현체에 어떻게 적용되는지 살펴보자.

양상추와 같은 식품이든 석탄과 같은 연료이든 원소가 화합물을 형성할 때, 우리는 순수한 원소와는 약간 다른 방식으로 자연 희소성을 관찰한다. 식품의 자연 희소성은 다음을 통해 이해할 수 있다. (1) 파종에서 수확까지 소요되는 시간, (2) 작물 수확량, (3) 수확 후 평균 저장 수명, (4) 에너지 밀도 분석을 통해서다. 파종에서 수확까지 소요되는 시간은 씨앗이 수확 가능한 작물로 성숙하기까지 경과해야 하는 일수를 측정한다. 작물 수확량은 일정 기간의 특정 작물 수확량의 평균 무게를 경작된 토지의 규모와 비교하여 측정한다. 작물 수확량은 원소의 지각 함유량 개념을 떠올리게 할 수 있다. 그러나 원소는 한정된 광석에서 채굴되는 반면, 농작물은 같은 땅에서 재생산할 수 있다는 점에서 둘의 중요한 차이점이 있다.

식품의 평균 저장 수명은 특정 식품이 부패하여 대사 에너지 밀도를 잃기까지의 평균 시간을 규정한다. 식품에 대한 이 지표는 순수 원소의 공기에 대한 반응성과 유사하며, 전자는 주어진 식품의 변화 또는 감소 속도를 알려주지만, 후자는 주어진 원소가 산화(또는 기타 기체) 화합물을 형성하여 변화 및 감소할 수 있는지 여부를 알려준다. 마지막으로, 주어진 식품의 에너지 밀도는 주어진 무게 내에서 식품의 칼로리 구현 정도를 나타낸다. 각 식품에 고유한 이 고유 에너지 밀도는 식품이 생물학적 에너지원으로 작용할 수 있는 잠재력의 범위를 정한다.

그림 2 파종에서 수확까지 소요되는 시간, 작물 수확량, 저장 수명 및 에너지 밀도로 나타나는 식량의 자연 희소성[30]

작물	파종부터 수확까지 소요 시간(일)	평균 수확량 (톤/헥타르)[31]	0℃ 기준 평균 저장 기간(일)[32]	에너지 밀도 (칼로리/온스)
상추	45	21	21	4
토마토	65	38	14	4
양파	85	50	28	11
감자	90	21	130	25
밀	125	3.42	180	103
쌀	130	3.71	3000	37

위 데이터에서 우리는 특정 식품의 고유한 자연

---

30) 비료 및 살충제 사용량, 기후, 토양의 품질, 계절, 대기 조건, 질병 발생 가능성 등을 포함한, 농사를 지을 때 고려해야 할 사항이 더 있다. 표의 작물 수확량 데이터는 일반적인 관행에 따라 적합한 환경에서 작물을 재배하고 있다고 가정한다.

31) Hannah Ritchie and Max Roser, Crop Yields (Our World in Data, 2018).

32) Cantwell, M. and T. Suslow. 2002, Produce Fact Sheet, UC Davis, http://postharvest.ucdavis.edu/Commodity_Resources/Fact_Sheets/ (Accessed July 2022).

희소성을 파악할 수 있다. 상추는 재배에 평균 45일이 걸리며 헥타르당 21톤이 생산된다. 저장 수명은 21일이며 에너지 밀도는 온스당 4칼로리다. 재배에 130일이 걸리는 쌀은 헥타르당 3.71톤이 생산된다. 저장 수명은 3,000일이고 에너지 밀도는 온스당 37칼로리다.

이 표는 모든 종류의 식품이 자연 희소성이 있다는 것을 인식하는 데 도움이 된다. 인류의 협력 시스템이 밀, 쌀, 감자 등 저장 수명이 길고 에너지 밀도가 높은 식품을 필수 에너지원으로 삼아온 이유를 이해하는 데 도움이 된다. 이러한 식품은 잠재적으로 재배할 수 있는 다른 식품에 비해 각 개인과 집단에 더 많은 양의 에너지를 제공하기 때문에 거의 모든 문화권에서 주식으로 사용된다.

식량의 자연 희소성에 대한 탐구는 측정과 보상의 자연 기준과 생태적 책임에 대한 우리의 논의를 더욱 뒷받침한다. 서비스 경제가 아무리 많은 식량을 원한다고 해도 실물 경제의 행동을 지배하는 피할 수 없는 현실이 있다. 농부가 특정 에너지 밀도를 구현하는 식량을 생산하려면 일정량의 토지가 필요하고 파종에서 수확까지 일정 기간이 경과해야 하며 수확한 무게는 썩기 전에 주어진 저장 수명을 갖는다. 이는 단순히 무시하거나 잊어버릴 수 없는 자연 기준에 의해 농부에게 부과된 한계다.

연료의 자연 희소성은 (1) 세계 에너지 수지, (2) 공기와의 반응성, (3) 에너지 밀도 분석을 통해 이해할 수 있다. 세계 에너지 수지는 원소의 지각 함유량을 반영한다. 국제에너지기구, 영국석유공사, 세계에너지협의회는 사용 가능한 연료 자원의 물리적 함유량과 알려진 매장량에 대한 무료 데이터를 발표한다. 예를 들어, 천연가스의 현존 매장량은 원유 매장량보다 훨씬 더 많다는 것을 알고 있다. 공기와의 반응성은 연료가 감소하거나 증발하거나 구현된 에너지가 밀도를 잃는 속도를 나타낸다. 원유는 공기와 반응하면서 증발하기 시작한다. 이 불가피한 증발을 늦추는 가장 좋은 방법은 원유를 소금 동굴에 저장하는 것인데, 이 과정에서 저장된 원유 1배럴당 7배럴의 물이 필요하다. 마지막으로, 연료는 식품과 유사한 고유 에너지 밀도를 가지고 있다. 연료의 에너지 밀도는 칼로리가 아닌 BTUBRITISH THERMAL UNITS로 측정된다. 아래 표에서는 다양한 연료에 적용되는 이 측정 기준을 제시한다.

그림 3 다양한 에너지 연료의 평균 에너지 밀도[33]

에너지 연료 유형	에너지 밀도(BTU/킬로그램)
천연가스	53,570
원유	41,846
유연탄	20,871
목재(마른)	15,555
갈탄	13,000
토탄(土炭)	9,000

연료의 종류에 따라 운동, 작업 또는 열을 발생시
킬 수 있는 다양한 잠재력을 가진 경제 가치를 제
공한다. 토탄은 천연가스보다 에너지 밀도가 낮

---

33) 이 표는 골드머니(Goldmoney Inc.)의 전 연구 담당 부사장이었
던 스테판 빌러 CFA가 미국 에너지 정보국(EIA)에서 제공한 정
보를 바탕으로 작성했다.

다. 원유는 유연탄보다 에너지 밀도가 높다. 따라서 주어진 무게의 원유는 항상 같은 무게의 석탄이나 마른 목재보다 더 많은 에너지를 생산한다.

연료의 자연 희소성을 분석할 때 고려할 수 있는 다른 요소도 있다. 여기에는 다음이 포함된다. 각종류의 연료를 탐사, 추출, 운송 및 저장하는 데 필요한 시간 및 에너지 구현체, 다양한 연료의 추출 및 사용과 관련된 장기적인 환경 지속 가능성 및 영향, 인구 중심지 근처에 위치한 연료에 대한 접근 용이성 등이 있다.

간략한 이번 글은 자연의 희소성이 순수한 원소를 넘어 식품과 연료의 원소 화합물까지 확장된다는 점을 보여주기 위한 것이다.

우리가 가장 소중히 여기는 관행, 관습, 혁신 중
일부는 선사 시대부터 행해져 온 것으로 보이기
때문에 특정 활동이 언제 시작되었는지 정확히
알 수는 없다. 문자, 조선, 수레바퀴, 쟁기 등의
발명품도 정확한 연대를 알 수 없다. 마찬가지로

금, 은, 구리가 인류에 의해 처음 채굴되고 정제된 시기는 아무도 확실하게 알 수 없다. 고대 이집트에서 고대 그리스, 고대 이란에서 고대 인도에 이르기까지 가장 귀중한 고대 유물들은 이들 문명이 지구상의 희귀 금속에 접근할 수 있었을 뿐만 아니라 이러한 금속을 멋진 공예품으로 제작하는 데 뛰어난 기술을 보유하고 있었음을 보여준다.[34] 고대 문명에서 다양한 용도로 원소 금속을 사용한 것은 다음 표에서 볼 수 있듯이 이러한 원소의 존재, 성질 및 특성에 대한 기본적인 지식을 보여준다.

---

34) 대영 박물관, 루브르 박물관, 메트로폴리탄 미술관, 이집트 유물 박물관, 예루살렘 이스라엘 박물관, 베나키 박물관, 에르미타주 박물관, 아테네 국립 고고학 박물관, 아헨 대성당 보물 보관실, 카피톨린 박물관, 이스탄불 고고학 박물관 등 어떤 곳을 방문하더라도 알 수 있다.

그림 4 로마 제국을 포함한 고대 세계 문명에서 원소에 대한 지식과 활용도[35]

원소 이름	사용이 증명된 지역과 문명	이용 형태
금	아메리카(마야 및 기타 콜럼버스 이전 중미 및 남미 문명), 아프리카(이집트 및 에티오피아), 중동, 소아시아, 메소포타미아, 아카드, 페르시아, 아시아(중국 포함), 인더스 계곡, 지중해(에트루리아, 그리스, 로마), 유럽	예술품 및 장식물, 돈 및 기타 금융 상품, 의약품, 색소, 종교 및 의식용 물품, 실 및 직물, 합금, 선박, 보석류, 장신구
은	아메리카, 아프리카(이집트), 중동, 소아시아, 메소포타미아, 아카드, 페르시아, 아시아(중국 포함), 인더스 강 유역, 지중해(에트루리아, 그리스, 로마), 유럽	예술품 및 장식물, 돈 및 기타 금융 상품, 의약품, 색소, 종교 및 의식용 물품, 실 및 직물, 합금, 선박, 장신구, 도구 및 기구
납	아프리카(이집트), 중동 및 소아시아, 바빌론, 아나톨리아, 페르시아, 아시아(중국 포함), 인더스 강 유역, 지중해(에트루리아, 그리스, 로마), 유럽	합금, 의약품, 연금술(화학), 파이프 및 배관, 예술품 및 장식물, 포도 재배, 페인트, 도구 및 기구, 종교 및 의식용 물건

주석	미주, 아프리카(이집트), 중동, 소아시아, 페니키아, 프리기아, 아나톨리아, 페르시아, 아시아(중국 포함) 인더스 강 유역, 지중해(그리스, 로마) 및 유럽	합금(청동 생산 포함), 예술품 및 장식물, 도구 및 기구, 용기
구리	아프리카(이집트), 중동, 소아시아, 아시아(중국 포함), 인더스 강 유역, 지중해(에트루리아, 그리스, 로마), 유럽	도구 및 기구(저울 포함), 예술품 및 장식물, 건축(지붕 포함), 판금 및 호일, 철사, 거울, 하드웨어, 조리기구, 보석류, 무기, 면도기, 화장품, 배관, 종, 펌프, 밸브, 합금, 선박, 농업, 돈
아연	아프리카(이집트), 중동, 소아시아, 아시아(중국 포함), 인더스 계곡, 지중해(그리스 및 로마), 유럽	합금(특히 황동 생산), 판금, 의약품, 선박, 예술품 및 장식물, 보석류
철	미주, 아프리카(이집트), 중동 동아시아, 소아시아, 아나톨리아, 페르시아, 아시아(중국 포함), 인더스 계곡, 지중해(그리스 및 로마인), 유럽	도구 및 기구, 용기, 무기, 하드웨어, 배관, 종교 및 의식용 물건

마찬가지로, 인류 문명에 대한 가장 오래된 기록은 완벽하게 연대를 알 수 없는 기록을 포함하여 이미 금과 은을 돈으로 정교하게 사용하는 풍요로운 세상을 묘사하고 있다. 이러한 기록의 중요한 두 가지 사례를 비판적으로 살펴볼 것이다. 히브리어 성경과 우르-남무(Ur-Nammu)와 함무라비 법전이다. 이 텍스트들은 돈의 자연 질서가

35) 이 표는 다음과 같은 저작물과 연구 성과를 바탕으로 작성됐다. inter alia: Theophrastus, On Stones, translated by John F. Richards (Columbus, Oh.: Ohio State University, 1956); Raymond C. Moore, Introduction to Historical Geology (New York: Mc-Graw-Hill Book Co., 1949); J.C. Yannopoulos, The Extractive Metallurgy of Gold (New York: Van Nostrand Reinhold, 1991); George Louis Leclerc, Natural History, abridged: including the history of the elements, the earth, mountains, insects & vegetables (London: C. & G. Kearsley, 1792); Hugh Aldersey-Williams, Periodic Tales: a cultural history of the elements, from arsenic to zinc (New York: Ecco, 2011).

외견상 영구적임을 증명하는 역사적 사례 연구로
활용될 것이다.

히브리 성서

창세기에는 에덴동산에서 흘러나온 첫 번째 강물
이 "금이 있는 하빌라로 갔으니 그 땅의 금이 좋
더라."[36]라고 기록되어 있다. 이 시점부터 선지
자들은 여러 시대에 걸쳐 이스라엘 문명을 묘사
할 때 금과 금의 무게를 재는 행위, 그리고 이러
한 금의 무게를 교환하는 행위를 반복적으로 언
급한다. 예를 들어, 아브라함의 종이 이삭의 신
부 리브가에게 "반 세겔 무게의 금 코걸이와 10세

---

36) Gen. ii. 11-12.
37) Gen. xxiv. 22 (King James Version).

겔 무게의 금팔찌 두 개"를 선물했다는 구절이 있
다.[37] 이런 의미에서 고대 세계 장신구는 단순한
장식품이 아니라 착용할 수 있는 재산이었다. 마
찬가지로 순금이나 순은으로 만든 물건은 단순히
종교적 또는 예술적 의미뿐만 아니라 돈으로서
의 가치도 중요하게 여겨졌다. 이러한 생각은 성
경의 두 번째 책《출애굽기》에서 이스라엘 백성
이 이집트 노예 생활에서 풀려난 후 이집트 여인
들의 금은보석을 가져감으로써 노동에 대한 정당
한 대가를 얻도록 하나님의 격려를 받는 장면에
서 더욱 강조된다.[38]

히브리어 성경 전체에서 형태와 무게라는 객관적

---

38) Exod. iii. 22; xi. 2; xii. 35 (New Revised Standard Version).

인 측정을 강조하는 것은 고대 이스라엘의 돈 기준이 얼마나 정교했는지를 보여준다. 개인적인 교환과 경제 거래에 금이 사용되었음을 증명하는 많은 사례가 있다. 예를 들어, 아브라함이 에브론에서 밭을 사고자 할 때 그 가격이 "은 사백 세겔"이라는 말을 듣는다. 그런 다음 아브라함은 "헷 족속의 청문회에서 에브론을 위해 상인들 사이에서 통용되는 저울에 따라 은 사백 세겔을 계량"한다.[39] 나중에 이사야 선지자는 "지갑에서 금을 아끼지 않고 저울에서 은을 달아내는 자들"에 대해 설명하면서 이와 같은 객관적인 측정 관행을 암시한다.[40] 마찬가지로 예레미야 선지자는 이렇게

---

39) Gen. xxiii. 15–16.
40) Isa. xlvi. 6.

회상한다. "내가 아나돗의 밭을 샀다. 사촌 하나 멜에게서 아나돗의 밭을 사서 은 17세겔을 저울에 달아 그에게 주었다. 증서에 서명하고 도장을 찍 고 증인을 세운 다음 저울에 돈을 달았다."[41]

이 모든 사례에서 돈은 귀금속의 표준 무게로 이 해되며, 실체가 임의적인 동전이 아니며 부수적 인 도구로 표현되는 추상적인 개념이 아니라는 것을 알 수 있다. 히브리어 성경 전체에서 무게와 무게를 재는 행위가 일관되게 강조되는 것도 바 로 이러한 이유 때문이다. 금속의 표준 무게로서 돈의 중요성은 심지어 《레위기》에서 하나님이 명 령할 때 도덕적 의미까지 부여된다. "길이, 무게,

---

41) Jer. xxxii. 9-10.

양을 측정할 때 속임수를 써서는 안 된다. 정직한 저울, 정직한 추, 정직한 에파(고대 히브리의 건량 단위, 40.52리터−옮긴이), 정직한 힌(고대 히브리의 액량液量 단위, 1.5갤런−옮긴이)을 사용해야 한다."[42] 신명기에서도 하나님은 이렇게 선언한다. "너희는 가방에 크고 작은 두 종류의 추를 넣어서는 안 된다. 너희 집에는 크고 작은 두 종류의 도량형을 두어서는 안 된다. 오직 온전하고 정직한 도량형 하나만 가져야 너희의 주 하나님이 너희에게 주시는 땅에서 너희의 날이 길어질 것이다."[43] 여기서 아브라함 공동체가 지켜야 할 바로 그 표준을 정의하는 신성한 법에서 우리는

---

42) Lev. xix. 35-37.
43) Deut. xxv. 13-16.

자연의 측정 기준, 즉 속여서는 안 되는 표준의
공평성에 대한 변함없는 강조를 볼 수 있다. 이는
공동체 내에서 귀금속 돈이 광범위하게 확산되고
널리 보급되었음을 의미한다.

히브리어 성경은 귀금속의 사용과 공평하게 측정
되어야 한다는 도덕적 요구 사항을 보여주는 구
절들을 보완하면서 귀금속이 다른 일시적인 인간
협력의 산물보다 자연 기준에서 우월하다는 점
도 언급하고 있다. 이는 만남의 장막과 솔로몬 왕
이 나중에 지은 성전에 대한 설명에서 암시되는
데, 이 건물의 가장 성스러운 부분에는 건축에 적
합한 유일한 금속으로 많은 양의 순금이 필요했
다.[44] 마찬가지로 이사야 선지자는 메시아의 출
현을 예언하면서 "내가 청동 대신에 금을, 철 대

신에 은을, 나무 대신에 청동을, 돌 대신에 철을 가져올 것이다."[45]라고 썼다. 여기서 우리는 이 구절에 언급된 각 에너지 구현체에 해당하는 돈의 자연 질서에 대한 정교한 이해의 증거를 볼 수 있다. 이사야는 언급된 네 가지 금속 중 가장 희귀한 금으로 시작하여 가장 풍부한 철로 끝나는 위계적 순서를 따르고 있으며, 각 그룹에서 더 높은 순위의 구현체가 하위 구현체보다 메시아에게 바칠 가치가 있음을 인식하고 있다.

《지혜서》에서 솔로몬은 이렇게 설파한다. "주께서 만물을 크기와 수, 무게로 정하셨다."[46] 서기

---

44) See Exod. xxv–xxviii; I Kings vi. 19–31.
45) Isa. lx. 17.

5세기 초에 이 구절을 주석하면서 하마의 성 어거스틴은 "크기는 만물의 형태를 고정하고, 수는 종을 부여하며, 무게는 휴식과 안정감을 준다는 의미로 해석한다."[47]라고 말했다. 성 어거스틴이 여기서 조명한 자연 세계에 대한 히브리적 이해는 물질적 창조의 이 세 가지 도식에 따라 물리적이고 확장된 세계(그리고 그것을 구성하는 원소)가 본질적으로 질서화되어 있다는 것이다. 궁극적으로 이스라엘 문명의 돈의 체계는 이러한 보편적인 자연계의 그림에 부합한다. 즉, 돈은 측정하고, 숫자를 매기고, 무게를 측정할 수 있어야 한다는 점에서 온전한 물리적 실재가 보여 주는 특

---

46) Wis. xi. 20 (King James Version).
47) Saint Augustine, De Gen. ad Litt. (New York: New City Press, 1999), IV. 7.

성을 그대로 따르고 있다.

고대 이스라엘 사람들에게는 창조 세계의 현실부터 하나님의 도덕적 권고에 이르기까지 자연의 근본적인 역학 관계가 있으며, 이러한 역학 관계는 시간이나 장소와 관계없이 귀금속 돈을 사용하도록 강제한다. 따라서 돈은 자연계에 인위적으로 추가된 것이 아니라, 오히려 전자가 후자로부터 생겨나고 후자에 의해 지원된다. 이 발췌문에서 우리는 아브라함부터 후대의 선지자에 이르기까지 고대 이스라엘에 존재했던 돈의 체계의 정교함을 볼 수 있다. 이 전시를 통해 돈의 자연 질서가 화폐 수단(예: 크로에수스 왕이 주조한 리디아 주화)이 도입되기 훨씬 전에 이미 이해되었고 시행되고 있었음을 알 수 있다. 이러한 도구가 도입되기 전에는 돈을 단순히 금과 은의 무게로 이해했다.

우르남무와 함무라비 법전

역사학자들은 일반적으로 인류의 가장 오래된 문자 기록이 기원전 2,000년 또는 3,000년 전 메소포타미아, 이집트, 인더스 계곡의 고대 문명으로 거슬러 올라간다는 데 동의한다. 이번 조사의 목적상 가장 관련성이 높은 사례는 티그리스강과 유프라테스강 사이에 위치한 역사적인 지역인 메소포타미아에서 유래한 것이다. 현재 이라크가 점령하고 있는 이 지역에서는 수메르, 바빌로니아 제국이 쐐기 모양의 설형문자로 점토판에 계약, 사건 및 법률 규범을 기록했다. 이 시대부터 보존되어온 두 가지 법전을 살펴보자. 우르-남무 법전(기원전 2100~2050년경)과 함무라비 법전(기원전 1755~1750년경)이 그것이다. 두 법전은 모두 20세기에 발견되어 해독되었다. 이 기록들을 통해 우리는 고대 사회 인간 협력의 역학 관계에 대해 배울 수 있는 귀중한 기회를 얻게 되었다. 우르-남무 법전부터 시작해보자.

안과 엘릴 신이 우르 도시의 왕권을 난나 신에게 넘겼을 때, 당시 닌순 여신이 낳은 아들 우르-남마를 위해, 그녀가 사랑하는 집에서 태어난 노예를 위해, 그의 정의와 진실에 따라… 그에게 주었습니다.

그 당시 니스크 사람들은 밭을 장악했고, 바다 선장들은 외국 해상 무역을 장악했습니다… [소를] 적절히 사용하는 사람들… [양을] 적절히 사용하는 사람들…

그때 (나), [수메르 땅의 왕이자 우르 도시의 군주, 강력한 전사] 우르-남마, [나의 군주] 난나 신의 [힘으로] 아카드, [우투 신의 진정한 명령으로] 나는 [이 땅에 정의를 세웠습니다].

나는 돌아왔습니다. 나는 수메르와 아카드 땅의 아카드인과 외국인들에게, 외국 해상 무역을 하는 사람들에게, 바다의 선장들에게, 소와 양과 당나귀를 노획하는 목동들에게 (자유를) 주었습니다.

나는 구리를 이용한 바리가bariga 단위법을

만들고 60실라로 표준화했습니다. 나는 구리를 이용한 세아seah 단위법을 만들어 10실라로 표준화했습니다. 나는 구리를 이용한 왕의 세아 보통 단위법을 만들어 5실라로 표준화했습니다. 나는 순수한 1세겔 무게에서 1미나 무게에 이르기까지 (모든) 돌 무게를 표준화했습니다. 청동 1실라 도량형을 만들어 1미나로 표준화했습니다.

나는 고아를 부자에게 넘겨주지 않았습니다. 과부를 권력자에게 넘겨주지 않았습니다. 나는 한 세겔밖에 없는 사람을 한 미나를 가진 사람에게 넘겨주지 않았습니다. 나는 양 한 마리만 가진 사람을 소 한 마리 가진 사람에게 넘겨주지 않았습니다. 나는 적대감, 폭

력, 정의에 대한 외침을 없앴습니다. 나는 이

땅에 정의를 세웠습니다.[48]

이 발췌문에서 우리는 우르-남무가 자신의 백성

에게 공평과 진실의 가치를 부여하도록 신의 위

임을 받았다는 선언을 하면서 자유와 평등주의에

호소하는 것을 볼 수 있다. 권력과 권위에 대한

긴 주장은 우르-남무가 "이 땅에 정의를 확립했

다"고 선언하면서 마무리되는데, 이는 법전의 관

할권 아래서 그의 힘의 목적이 평등주의적 의미

에서 자유의 원천으로 이해할 수 있는 공평성과

객관성을 촉진하는 데 있음을 암시한다. 번영은

---

48) H.A. Hoffner and M.T. Roth, Law Collections from Mesopotamia and Asia Minor (Atlanta: Scholars Press, 1997), 15-17.

안정과 밀접한 관련이 있으며, 우르-남무가 형평성을 강조한 데서 드러나는 사회적 안정의 결합은 '적대'와 '폭력'을 금지함으로써 증폭되어 정치적 안정을 위한 수단으로도 확립되었다.

법전 전체에서 무게와 부피가 객관적인 측정 형태로 반복되는 것을 확인할 수 있다. 이는 측정과 보상의 자연 표준에 대한 집단적 지식과 에너지 구현체의 생산, 소비 및 교환에서 그것이 수행하는 불가분의 역할을 의미한다. 우르-남무는 경제 내에서 에너지 구현체의 정직한 교환을 촉진하기 위해 무게와 부피의 측정을 법으로 명문화함으로써 자연으로부터 주어진 표준에 호소한다. 법전의 마지막 문장에서 우르-남무는 이렇게 선언한다. "나는 고아를 부자에게 넘겨주지 않았다.

나는 과부를 권력자에게 넘겨주지 않았다. 나는 단 한 세겔을 가진 사람을 한 미나를 가진 사람에게 넘기지 않았다. 나는 양 한 마리만 가진 사람을 소 한 마리 가진 사람에게 넘기지 않았다." 우르−남무는 사회적 지위나 상대적 부와 관계없이 다양한 사람들이 공평하게 협력해야 할 필요성을 분명히 인식하고 있었다. 요약하자면, 우르−남무의 짧은 법전은 자연의 질서, 객관적인 측정 및 보상 기준, 그리고 마지막 주장으로 생태적 책임까지 직관적으로 이해했던 고대 문명의 중요한 증거를 제공한다.

함무라비 법전은 앞선 우르−남무 법전의 미덕을 반영하고 있다. 이 법전은 훨씬 더 길기 때문에 우리 질문과 관련된 특정 구절에 초점을 맞추

어 살펴볼 것이다. 함무라비 왕은 거래를 정산하고 개인 간의 다양한 불공정을 바로잡을 때 표준화된 금과 은의 무게를 사용하는 것을 반복해서 언급한다. 표준 미나와 셰켈의 무게는 합법적인 거래와 거짓 약속이나 계약 위반에 대한 구제 수단으로 사용된다. 신체적 상해에 대한 적절한 보상으로 은 한 근이 규정되어 있다. "자유인의 이빨을 부러뜨리면 은 3분의 1 미나를 지불해야 한다."[49] 마찬가지로 도난으로 인해 인명 피해가 발생한 경우 지방 정부는 피해자 가족에게 은 한 근을 지불해야 한다. "(인명을 잃은) 경우, 시와 주지사는 그의 상속인에게 은 1미나를 지급해야 한

---

49) R.F. Harper, The Code of Hammurabi (Chicago: The University of Chicago Press, 1904), §201.

다."[50] 은은 토지의 자연 생산성에 영향을 미치는 범죄에 대한 보상으로도 사용된다. "과수원 주인의 동의 없이 남의 과수원에 있는 나무를 베면 은 1미나 반을 내야 한다."[51]

함무라비 법전에는 귀금속의 개인적 사용과 협력적 교환을 증명하는 여러 참고 문헌도 포함되어 있다. 귀금속 운송을 위탁받은 사람에게는 특정한 법적 의무가 있음을 알 수 있다. "어떤 사람이 여행 중에 은, 금, 보석 또는 휴대품을 운송을 위임받은 사람에게 주었는데, 그 사람이 운송해야 할 물건을 운송 장소에 전달하지 않고 자기 소

---

50) Harper (1904), §24.
51) Harper (1904), §59.

유로 가져간 경우, 운송 물품의 소유자는 그 사람
을 불러 그가 전달하지 않은 운송 물품에 대해 책
임을 물어야 하며, 그 사람은 그에게 준 금액의 5
배를 운송 물품의 소유자에게 전달해야 한다."[52]
귀금속 보관과 관련된 신탁 책임을 규제하는 이
주제는 두 개의 추가 구절에서 반복된다. 예를 들
면 다음과 같다. "어떤 사람이 은이나 금 또는 그
밖의 어떤 것을 다른 사람에게 맡기면, 그가 주
는 것은 무엇이든 증인에게 보여 주고 계약서를
정리한 다음 (그 사람이) 맡겨야 한다."[53] 그리고
"어떤 사람이 증인의 면전에서 다른 사람에게 은,
금 또는 그 밖의 예치물을 주었는데 후자가 그와

---

52) Harper (1904), §112.
53) Harper (1904), §122.
54) Harper (1904), §124.

다투거나 부인하는 경우, 증인은 그 사람을 불러 책임을 물어야 하며 그는 다투는 금액을 두 배로 늘려서 갚아야 한다."[54] 이러한 진술은 귀금속 돈을 이용한 정교한 금융 및 투자 활동을 보여 주기 때문에 중요하다.

함무라비 법전은 금과 은이 저축, 상업, 투자에 사용되는 복잡한 귀금속 돈의 체계를 보여준다. 궁극적으로 귀금속 돈을 통해 자연스러운 측정과 보상의 기준이 모든 사회 구성원에게 확대되어 경제 시스템 내부와 전체에서 공평한 협력을 실현할 수 있는 공유 수단을 도입한다.

결과 요약

이 역사적 연구의 목적은 인류 사회의 돈 관습에

대한 현존하는 가장 오래된 기록을 찾아 귀금속 돈 사용 관행이 언제부터 시작되었는지 규명하는 것이었다. 이 목표를 추구하면서 우리는 놀랄 만한 자연의 신비를 발견했다. 가장 오래된 법률 기록에는 고정된 무게의 은과 금을 돈으로 사용하는 것이 반복적으로 언급되어 있다. 이러한 법전의 맥락에서 객관적인 돈의 기준이 질서 확립, 평등주의의 발전, 성실하고 합법적인 행동에 대한 인센티브 제공, 정의의 증진이라는 목적을 달성하는 데 기여했음을 알 수 있다. 흥미롭게도 이 복잡한 문화적 가치, 협동적 관행, 법적 격언은 작성 당시 이미 잘 정립되어 있었던 것으로 보인다.

이러한 고대 문헌을 분석하는 과정에서 우리는 금은 본위제가 수천 년 동안 존재했다는 여러 가지 강력한 증거를 발견할 수 있었으며, 객관적으로 연대를 측정한 법전은 적어도 4,100년 전에 이러한 제도가 확산되었음을 보여주고, 히브리 성경은 이러한 관습과 관행이 수메르와 바빌로니아 문명의 법전보다 훨씬 더 오래되었거나 적어도 그와 유사하다는 것을 시사한다.

역자의 말

세상에는 많은 종류의 돈이 있다. 기본적으로 각
나라의 중앙은행에서 찍어낸 통화가 있다. 우리
나라는 원화, 일본은 엔화, 영국은 파운드화, 독
일은 마르크화 등. 기축통화라고 불리는 미국의
달러화도 있다. 또한 돈의 역할을 하는 것이 꼭
국가의 통화만 있는 건 아니다. 역사를 거슬러 올
라가면, 고대에는 조개나 소금이 돈의 역할을 했
고 이후에는 금, 은, 보석 같은 귀금속으로 범위
가 넓어지고 현재는 디지털 파일의 형태로만 존
재하는 비트코인, 이더리움 같은 암호화폐까지
등장했다.

돈의 주요한 역할은 가치의 교환과 저장 수단이다. 내가 힘들게 번 재산을 어떤 돈으로 저장해둘 것인가는 쉽지 않은 문제다. 우리나라가 외환위기를 겪었던 1998년 이전에 자신의 재산을 달러화로 저장해두었던 사람은 원화 기준 명목 가치가 3배 가까이 불어났을 것이다. 1달러에 700원 선이던 환율이 한때 2,000원을 넘어섰기 때문이다. 반면에 그저 원화로 가지고 있던 사람은 달러 기준 구매력으로 평가하면, 가만히 앉아서 재산의 가치가 3분의 1로 줄어든 손실을 본 셈이다.

과도한 통화 공급에 따른 인플레이션 현상으로 세계 경제가 어려움을 겪는 오늘날에도 각국 간의 환율은 요동치고 있다. 집권 세력의 눈치를 볼 수밖에 없는 각 나라의 중앙은행이 화폐 발행을

남발하지 않는다는 보장은 그 어디에도 없다. 볼리비아, 베네수엘라, 페루, 칠레 등 남미의 여러 국가 국민은 초인플레이션 현상으로 힘들게 모은 자국 화폐가 휴지처럼 가치가 사라지는 아픈 경험을 했다.

세계의 기축통화라고 불리는 달러화 역시 최근 미국연방준비제도이사회(Federal Reserve Board, FRB)가 거의 무제한으로 발행하는 장면을 전 세계가 목격했다. 코로나 팬데믹에 따른 경제 위기에 대처한다는 명목이었지만, 결국 예외 없이 전 세계적인 인플레이션(화폐가치 하락) 현상을 불러왔다. 결국, '인류가 철저히 신뢰할 수 있는 돈은 무엇인가'라는 질문에는 아직 정답이 없다. 암호화폐가 이 질문에 대한 하나의 대안으로 등장하면서 가치가 급격히 상승했지만, 여전히 의문부호가 찍혀 있는 상태다. 이 책은 우리가 품고 있는 이런 근본적 질문에 대한 대답이다.

이 책을 쓴 로이 세백는 현대 경제를 실물 경제와 서비스 경제의 두 부분으로 크게 나눈다. 주류 경제학과는 온전히 다른 관점의 접근이다. 그는 현대의 경제학이 '광범위한 생태 환경에서 벗어난 수학적 진공 상태'에서 헛된 논리를 전개한다고 주장하면서 자신만의 관점으로 실물 경제와 서비스 경제의 관계를 조사했다. 그리고 서비스 경제가 자연과 직접 작용하는 실물 경제와 괴리되어 '생태적 책임'을 다하지 않고 폭주하는 것을 방지하기 위해서는 돈의 역할이 중요하다고 강조한다. 서비스 경제만이 홀로 번성한다고 해서 인류가 살아가는 데 도움이 되는 실질적인 재화가 생산되는 것은 아니기 때문이다. 저자는 세계 경제의 조화로운 지속 가능성을 보장하는 신뢰할 만한 수단으로서 무엇이 돈이 되어야 하는지를 탐구한다.

이 책은 마치 카를 마르크스의 《공산당 선언》과 같은 책이다. 감히 인류사에 끼친 영향이나 주장하는 이론의 정합성과 완결성이 《공산당 선언》과 맞먹는다는 이야기는 아니다. 다만, 옮긴이로서 다음과 같은 두 가지 관점에서 두 책이 비슷한 측면이 있다는 생각을 했다.

우선 마르크스의 《공산당 선언》은 당시에 모두가 주목하지 못했던 자본주의의 내재적 문제점을 지적하면서 온전히 새로운 차원에서 경제 구조를 분석하고 대안을 제시했다. 이 책 역시 현재 주류 경제학 이론과는 다른, '생태적 책임'이라는 새로운 관점에서 경제 구조를 분석하고 이를 담보해 낼 수 있는 화폐는 무엇이 되어야 할지에 관한 주장을 한다.

다음은 책의 형식 면이다. 마르크스는《공산당 선언》에서 자신의 주장을 80페이지라는 짧은 분량 안에(독일어 판본 기준) 간결한 문장으로 축약해서 담았다. 이 책의 저자인 로이 세백 역시 서문에서 자신이 밝혔듯이, 앞서 완성해놓았던 초고를 10분의 1로 줄인 104페이지 분량으로(영어 판본 기준) 정리했다.

그에 따라 원서를 구성하는 문장에 사용된 영어 단어들은 현학적 개념어와 생소한 조어들이 많다. 우리 식으로 이해하자면 세로줄로 쓰인 한자어가 가득한 문고판을 떠올리면 이해하기 쉽다. 따라서 이 책을 우리말로 옮기는 것이 다른 영문 원서와 비교하면 쉬운 작업은 아니었다. 하지만 저자가 전달하려는 의도를 경제학을 전공하지 않은 독자들도 최대한 이해할 수 있게 옮기려고 노력했다.

모두 알다시피 마르크스는 《공산당 선언》 출간 이후 1,000페이지가 훌쩍 넘는 《자본론》을 집필하여 자신의 이론을 세세히 풀어 썼다. 로이 세백 역시 이 책에서 주장한 이론을 더 자세하게 설명하는 책을 이후에 출간할 계획이 있는지는 모르

겠다. 하지만 이 책만으로도 실물 경제 분야보다 금융공학과 같은 서비스 경제 분야가 더 중요시 되는 현실에서, 독자들이 어느 수단에 자신의 재산을 저장해놓아야 할지를 결정하는 데 큰 도움이 되리라 믿는다.

윤춘송

돈의 질서

초판 1쇄 발행 2024년 2월 29일

지은이 로이 세백
옮긴이 윤춘송

펴낸이 정광성
펴낸곳 알파미디어

편집 최은정
디자인 인투

출판등록 제2018-000063호
주소 05387 서울시 강동구 천호옛12길 18, 한빛빌딩 4층(성내동)
전화 02 487 2041
팩스 02 488 2040

ISBN 979-11-91122-57-2 03320